Inhaltsverzeichnis

1 **Einleitung** 1
   Literatur 8

2 **Warum wir die Bioökonomie brauchen** 11
   2.1 Heute werden fossile und biogene Kohlenstoffquellen verwendet 12
   2.2 Fossile Kohlenstoffquellen haben technische Vorteile 15
   2.3 Warum sind fossile Rohstoffe trotzdem problematisch? 19
   2.4 Das Pariser Klimaabkommen 21
   2.5 Warum ist die Bioökonomie eine Alternative? 23
   Literatur 25

3 **Welche Biomasserohstoffe sich anbieten** 27
   3.1 Umwandlung von Biomasse 29

3.2	Kaskadennutzung	34
3.3	Verwertungstechnologien	34
	Literatur	37

4 Der Stand der Bioökonomie in Deutschland — 39
- 4.1 Die deutsche Bioökonomie — 40
- Literatur — 56

5 Hürden und Zielkonflikte hemmen die Bioökonomie — 61
- 5.1 Ökonomische Hürden — 62
- 5.2 Ökologische Zielkonflikte — 72
- 5.3 Soziale Auswirkungen — 78
- Literatur — 83

6 Welche Lösungsoptionen bieten sich an? — 87
- 6.1 Prioritäten setzen — 88
- 6.2 Anbauflächen schonen — 91
- 6.3 Kohlenstoffkreislauf, Koppel- und Kaskadennutzung — 97
- 6.4 Integration der Bioökonomie und des Energiesektors — 105
- 6.5 Den natürlichen und den technischen Kohlenstoffkreislauf nutzen — 108
- Literatur — 109

7 Den Übergang in die Bioökonomie gestalten — 115
- 7.1 Biomassenutzung priorisieren — 116
- 7.2 Branchenintegration, Kaskadennutzung und Kreislaufwirtschaft — 119
- 7.3 Rahmenbedingungen — 123
- 7.4 Investitionsbedarf — 132
- 7.5 Die Akteure informieren und motivieren — 134
- Literatur — 139

8 Fazit	145
Literatur	150
Anhang	151
Literatur	183

1

Einleitung

> **Zusammenfassung**
>
> Die Bioökonomie wird zukünftig wesentlich zur deutschen Wirtschaft beitragen, und deshalb ist ihre Weiterentwicklung Teil der Regierungsprogramme auf Bundes- und Länderebene. Trotzdem ist der Begriff Bioökonomie in der breiten Öffentlichkeit wenig bekannt, und die Verwendung von Biomasse als industriellem Rohstoff stößt teilweise auf Skepsis. Dieses Kapitel definiert die Begriffe „Bioökonomie" und „Biomasse" und benennt Aspekte der Bioökonomie, über die gesellschaftlicher Konsens herrscht, die strittig sind oder die nur ungenügend beachtet werden.

Für ein Land wie Deutschland, dessen Wohlstand auf industrieller Produktion und Export beruht, ist die zukünftige Rohstoffversorgung und die damit verbundene Produktions- und Wirtschaftsweise von maßgeblicher Bedeutung. Sie wird von nachwachsenden, d. h. vorwiegend pflanzlichen Rohstoffen, ausgehen müssen, und damit kommt der Bioökonomie für unsere wirtschaftliche Zukunft ganz wesentliche Bedeutung zu (Kasten 1.1).

> **Kasten 1.1 Die Vision der Bioökonomie in Deutschland**
>
> Bioökonomie wird definiert als die Erzeugung und Nutzung biologischer Ressourcen (auch Wissen), um Produkte, Verfahren und Dienstleistungen in allen wirtschaftlichen Sektoren im Rahmen eines zukunftsfähigen Wirtschaftssystems bereitzustellen [1]. Damit soll sie dazu beitragen, Lösungen zur Bewältigung der großen Herausforderungen des 21. Jahrhunderts zu liefern:
>
> Wie können Ernährungs- und Ressourcensicherheit für eine steigende Weltbevölkerung sichergestellt und gleichzeitig Klima, Umwelt und biologische Vielfalt geschützt werden? Wie können Ökologie und Ökonomie miteinander verbunden und die damit einhergehenden Chancen und Herausforderungen ausgewogen verteilt werden? Wie kann unser Wirtschaftssystem so transformiert werden, dass es nachhaltig ist und künftigen Wohlstand sichert? Wie kann die Bioökonomie möglichst schnell und wirksam zur Erfüllung der internationalen Klimaschutzziele des Übereinkommens von Paris beitragen? [2]
>
> Mit der „Nationalen Forschungsstrategie BioÖkonomie 2030" hat die Bundesregierung die Grundlagen einer nachhaltigen biobasierten Wirtschaft gelegt. Das hier dargestellte Konzept der Bioökonomie erfasst die Agrarwirtschaft sowie alle produzierenden Sektoren und ihre zugehörigen Dienstleistungsbereiche, die biologische Ressourcen – wie Pflanzen, Tiere und Mikroorganismen – entwickeln, produzieren, ver- und bearbeiten oder in irgendeiner Form nutzen. Sie erreicht damit eine Vielzahl von Branchen wie Land- und Forstwirtschaft, Gartenbau, Fischerei und Aquakulturen, Pflanzen- und Tierzüchtung, Nahrungsmittel- und Getränkeindustrie sowie die Holz-, Papier-, Leder-, Textil-, Chemie- und Pharmaindustrie bis hin zu Teilen der Energiewirtschaft. Handlungsfelder sind die Sicherung der weltweiten Ernährung, eine nachhaltige Agrarproduktion, die Produktion gesunder und sicherer Lebensmittel, die industrielle Nutzung nachwachsender Rohstoffe und der Ausbau von Energieträgern auf Basis von Biomasse [3].

1 Einleitung

Für die Umsetzung der „Nationalen Forschungsstrategie BioÖkonomie 2030" sowie der „Nationalen Politikstrategie Bioökonomie" wurde die Bundesregierung vom Bioökonomierat [4] mit dem Ziel beraten, optimale wirtschaftliche und politische Rahmenbedingungen für eine biobasierte Wirtschaft zu schaffen. Das Gremium wurde 2009 durch das Bundesministerium für Bildung und Forschung (BMBF) und das Bundesministerium für Ernährung, Landwirtschaft und Verbraucherschutz (BMELV) eingerichtet. Im Mai 2019 hat er zum letzten Mal getagt. Die 2020 von der Bundesregierung verabschiedete weiterentwickelte Nationale Bioökonomiestrategie sieht wieder die Einrichtung eines beratenden Gremiums vor.

Trotzdem ist der Begriff Bioökonomie über die Fachwelt hinaus immer noch weitgehend unbekannt oder zumindest erklärungsbedürftig und dies, obwohl Deutschland schon heute ein bedeutender Bioökonomiestandort für biobasierte Treibstoffe und Chemieprodukte ist. Beispiele für große Unternehmen und die Branchen, in denen sie tätig sind, gibt Tab. 1.1. Viele erfolgreiche kleinere Unternehmen in allen Bundesländern vervollständigen das Bioökonomieprofil Deutschlands. Dazu gehört übrigens auch der Maschinenbau, denn ohne Anlagen für die biobasierte Produktion ist die Bioökonomie nicht denkbar.

Um den Wandel in die Bioökonomie zu beschleunigen, wurde 2010 von der Bundesregierung eine der weltweit ersten Forschungsstrategien für den Wandel in eine Bioökonomie veröffentlicht. Ganz konkret wurde die Entwicklung der Bioökonomie 2018 als Arbeitspunkt in den Koalitionsvertrag der Bundesregierung eine der weltweit ersten Forschungsstrategien für den Wandel in eine Bioökonomie veröffentlicht. Ganz konkret wurde die Entwicklung der Bioökonomie 2018 als Arbeitspunkt in den Koalitionsvertrag der Bundesregierung [5] aufgenommen, und am 15.1.2020 konnte schließlich die weiterentwickelte Nationale Bioökonomiestrategie von der Bundesregierung verabschiedet werden. Auch auf Länderebene wird das Thema vorangetrieben. 2015 hat Bayern einen Sachverständigenrat berufen [6]. 2017 folgte Hessen mit einer Studie zum wirtschaftlichen Potenzial der Bioökonomie [7]. Baden-Württemberg verabschiedete 2019 eine eigene Bioökonomiestrategie [8]. Auf Bundes- und auf Landesebene haben in den letzten Jahren Förderprogramme und die Gründung von Cluster- und Beratungsorganisationen zum Fortschritt der Bioökonomie in Deutschland erheblich beigetragen. Auch für die EU-Kommission und die OECD ist

Tab. 1.1 Beispiele für Branchen und Unternehmen der Bioökonomie in Deutschland

Branche	Produkt	Unternehmen	Standort	Bemerkung
Energie	Biogas	Infraserv Höchst	Frankfurt am Main	Eine der größten Biogasanlagen Europas
Treibstoffe	Bioethanol	CropEnergies	Zeitz	Die effizienteste Anlage Europas für Bioethanol aus Getreide
	Bioethanol	Clariant	München	Einer der führenden Hersteller für Bioethanol aus Stroh
Ernährung	Aminosäuren	Evonik	Essen	Weltweit führender Produzent von Aminosäuren
Ernährung, Papier, Hygiene	Enzyme	AB-Enzymes	Darmstadt	Einer der weltweit führenden Enzymhersteller

(Fortsetzung)

Tab. 1.1 (Fortsetzung)

Branche	Produkt	Unternehmen	Standort	Bemerkung
Chemie	Biopolymere	BASF	Ludwigshafen	Weltweit führender Chemiekonzern
Pharma	Insulin	Sanofi	Frankfurt am Main	Weltweit größte integrierte Insulinproduktionsanlage
Anlagenbau	Produktionsanlagen	GEA	Düsseldorf	Hat die weltweit größte Fermentationsanlage für Bakterien gebaut

die Bioökonomie ein zentrales Element für die Entwicklung einer nachhaltigen Wirtschaft [9–11].

Und trotzdem ist der Begriff Bioökonomie in der breiten Öffentlichkeit unscharf geblieben. Entweder wird diese Wirtschaftsweise als nur technisch umzusetzende Alternative zur fossilbasierten Wirtschaft beschrieben, oder Zielkonflikte wie die Konkurrenz zwischen der Produktion von Nahrungsmitteln und Rohstoffen werden in den Vordergrund geschoben. Ein zentraler Streitpunkt ist dabei die Nutzung von „Biomasse" als wesentlichem Rohstoff für die industrielle Produktion. Dabei ist das Verständnis dieses Begriffs noch dazu höchst unterschiedlich (s. Kasten 1.2).

Kasten 1.2

Biomasse ist der biologisch abbaubare Anteil von Produkten, Abfällen und Rückständen biologischen Ursprungs aus der Landwirtschaft (einschließlich pflanzlicher und tierischer Stoffe), der Forstwirtschaft und verwandter Branchen einschließlich Fischerei und Aquakultur sowie der biologisch abbaubare Anteil von Industrie- und Siedlungsabfällen [12].

In engerem Sinn wird Biomasse häufig als das pflanzliche Material der Land- und Forstwirtschaft gesehen, auch unter Einbeziehung von Meeresalgen. Andere beziehen auch Nebenprodukte, die bei der Verarbeitung von Biomasse anfallen, und Abfälle von biobasierten Produkten nach Gebrauch ein. Und wieder andere bezeichnen jedes organische, d. h. kohlenstoffhaltige, Material, das auf erneuerbare Weise verfügbar ist, als biologische Ressource – eine Sichtweise, die sich als roter Faden durch dieses Buch ziehen wird. Schon die Rohstoffbasis der Bioökonomie wird also ganz unterschiedlich gesehen. Gleiches gilt für die Zielkonflikte hinsichtlich der Ernährung der Weltbevölkerung und des Erhalts der Biodiversität. Ist die Bioökonomie also „neuer Raubbau oder doch die Wirtschaftsform der Zukunft?" [13]. Droht die Gefahr, mit der Bioökonomie ein System zu entwickeln, das „alles Lebendige kommerziellen Interessen unterwirft und damit dessen Würde verneint?" [14]. Solche Fragen müssen beantwortet werden, denn ansonsten würde auch die Bioökonomie keine nachhaltige Alternative zur „Ölwirtschaft" bieten. Wir brauchen diese Option aber, denn Politik, Wirtschaft und Gesellschaft sind sich einig, dass uns angesichts des Klimawandels nichts anderes übrig bleibt als von Kohle, Erdöl und Erdgas, also den fossilen Energie- und Kohlenstoffquellen loszukommen. Konsens besteht auch, dass es für die fossilen Energiequellen erneuerbare, kohlenstofffreie Alternativen wie Sonne und Wind gibt und so die Energieerzeugung „dekarbonisiert" werden kann und muss. Die Forderung nach Dekarbonisierung wird aber fälschlicherweise auch für Treibstoffe und (organische) Chemieprodukte erhoben, obwohl diese Produkte von Kohlenstoff absolut abhängig sind (Kasten 1.3). Sie können gar nicht dekarbonisiert werden. Stattdessen müssen für sie nichtfossile Kohlenstoffquellen erschlossen werden; „Defossilisierung" wäre deshalb der sachlich richtige Begriff. Dass wir dafür Biomasse industriell verwerten werden müssen, wird einerseits begrüßt, stößt aber zugleich auf Skepsis, wenn nicht Ablehnung, wenn es um große Volumina geht. Wir müssen deshalb erreichen, Biomasse unter Beachtung der natürlichen Grenzen so zu produzieren, zu verwenden und zu rezyklieren, dass sowohl die Ernährung der wachsenden Weltbevölkerung als auch die Biodiversität gesichert werden können. In der öffentlichen Diskussion werden diese komplexen Zusammenhänge der Optionen und der Grenzen der Bioökonomie wenig bis gar nicht thematisiert. Auch über die Wettbewerbssituation mit der heute noch dominierenden fossilbasierten Wirtschaftsweise besteht weithin Unkenntnis. Dabei wird sich die Bioökonomie dieser Auseinandersetzung in der kommenden Übergangsphase noch über Jahrzehnte stellen müssen. Die folgenden Kapitel werden diese vielfältigen Aspekte beleuchten. Sie bestimmen die notwendigen Weichenstellungen auf dem Weg in die Bioökonomie, und für den Erfolg ist es mit entscheidend, darüber gesellschaftlichen Konsens zu erreichen.

Kasten 1.3 Organische Chemie

In Molekülen der Organischen Chemie ist Kohlenstoff mit anderen Elementen verbunden. Dabei ergeben sich so vielfältige Kombinationen, dass diese Moleküle die wesentlichen Bausteine von Pflanzen, Tieren und Mikroorganismen bilden. Auch die aus biologischen Materialien entstandenen fossilen Ressourcen Erdöl, Erdgas und Kohle bestehen aus Molekülen der Organischen Chemie. Dies gilt auch für die aus biogenen und fossilen Rohstoffen erzeugten Produkte. Für die Bioökonomie sind Moleküle der Organischen Chemie deshalb zugleich Rohstoff und Produkt, und Kohlenstoff ist das zentrale Element.

Literatur

1. Bioökonomierat (2020) Was ist Bioökonomie? Online: https://biooekonomierat.de/biooekonomie/. Zugegriffen: 2. Jan. 2020
2. BMBF (2020) Nationale Bioökonomiestrategie für eine nachhaltige, kreislauforientierte und starke Wirtschaft. https://www.bmbf.de/de/nationale-biooekonomiestrategie-fuer-eine-nachhaltige-kreislauforientierte-und-starke-10654.html. Zugegriffen: 18. Jan. 2020
3. Die Nationale Forschungsstrategie Bioökonomie 2030 https://www.bmbf.de/upload_filestore/pub/Nationale_

Forschungsstrategie_Biooekonomie_2030.pdf. Zugegriffen: 2. Jan. 2020
4. Bioökonomierat (2020) Was ist der Bioökonomierat) https://biooekonomierat.de/biooekonomierat/. Zugegriffen: 11. Febr. 2020
5. Bundesregierung (2018) Koalitionsvertrag zwischen CDU, CSU und SPD.19. Legislaturperiode. https://www.bundesregierung.de/resource/blob/975226/847984/5b8bc23590d4cb2892b31c987ad672b7/2018-03-14-koalitionsvertrag-data.pdf?download=1. Zugegriffen: 9. Jan. 2020
6. Sachverständigenrat Bioökonomie Bayern. Eine Bioökonomie-Strategie für Bayern. http://www.biooekonomierat-bayern.de
7. Hessisches Ministerium für Wirtschaft, Energie, Verkehr und Landesentwicklung (2016) Bioökonomie und nachhaltige Wirtschaft. https://www.technologieland-hessen.de/biooekonomie. Zugegriffen: 9. Jan. 2020
8. Baden-Württemberg Ministerium für ländlichen Raum und Verbraucherschutz und Ministerium für Umwelt, Klima und Energiewirtschaft (2019) Landesstrategie nachhaltige Bioökonomie Baden-Württemberg. https://stm.baden-wuerttemberg.de/fileadmin/redaktion/m-mlr/intern/dateien/PDFs/Bioökonomie/Landesstrategie_Nachhaltige_Bioökonomie.pdf. Zugegriffen: 9. Jan. 2020
9. EC (2018) Neue EU-Bioökonomie-Strategie für nachhaltigeren Umgang mit Ressourcen. https://ec.europa.eu/germany/news/20181011-ressourcen_de. Zugegriffen: 9. Jan. 2020
10. Europäische Kommission (2018) Eine nachhaltige Bioökonomie für Europa – Stärkung der Verbindungen zwischen Wirtschaft, Gesellschaft und Umwelt. EC (11.10.2018) COM (2018) 673 final. Brüssel. https://eur-lex.europa.eu/legal-content/DE/TXT/PDF/?uri=CELEX:52018DC0673&from=DE. Zugegriffen: 2. Jan. 2020
11. OECD (2016) Working party on biotechnology, nanotechnology and converging technologies – building a sustainable bioeconomy: a framework for policy. DSTI/

STP/BNCT(2016)14. http://ibqp.org.br/wp-content/uploads/2016/12/DSTI_STP_BNCT201614.pdf. Zugegriffen: 16. Jan. 2020
12. EC (2017) RED II: EU sustainability criteria for bioenergy. https://www.iscc-system.org/wp-content/uploads/2017/02/1-Volpi_RED-II-EU-Sustainability-Criteria-for-Bioenergy.pdf. Zugegriffen: 2. Febr. 2020
13. Grefe C (2016) Global Gardening Bioökonomie – Neuer Raubbau oder Wirtschaftsform der Zukunft? Verlag Antje Kunstmann
14. Gottwald FT, Krätzer A (2014) Irrweg Bioökonomie. Suhrkamp

2

Warum wir die Bioökonomie brauchen

Zusammenfassung

Ernährung, Treibstoffe, Chemieprodukte und viele Materialien bestehen aus kohlenstoffhaltigen Verbindungen. Zwei Drittel dieses Kohlenstoffs sind heute fossilen Ursprungs, ein Drittel wird mit biologischen, vorwiegend pflanzlichen Rohstoffen als Biomasse bereitgestellt. Der größte Teil dieser Biomasse geht in die Ernährung, die fossilen Rohstoffe dienen dagegen weitgehend der Energieerzeugung. Nur ein kleiner Teil der biogenen und der fossilen Rohstoffe wird zu Materialien und Chemieprodukten weiterverarbeitet. Im Vergleich zu Biomasse bieten Kohle, Erdöl und Erdgas hinsichtlich ihrer Zusammensetzung, des Transports und der Verarbeitung sehr vorteilhafte Eigenschaften. Auf dieser Basis hat sich im Zuge der Industrialisierung weltweit und auch in Deutschland die sehr effiziente fossilbasierte Wirtschaft etabliert, die allerdings Treibhausgase emittiert und so maßgeblich den Klimawandel verursacht. Der Klimawandel fordert deshalb die Reduktion der Treibhausgase durch die Abkehr

> von fossilen Rohstoffen. Dafür gibt es zwar mehrere technische Möglichkeiten, aber auf absehbare Zeit bietet nur die Bioökonomie die Voraussetzungen, in den nächsten Jahrzehnten umgesetzt zu werden.

2.1 Heute werden fossile und biogene Kohlenstoffquellen verwendet

Alle Nahrungs- und Futtermittel, Holzprodukte, Treibstoffe, Kunststoffe, Textilien, Klebstoffe, Schmiermittel, Reinigungsmittel, Hautpflegeprodukte, Pharmazeutika, um nur einige Beispiele zu nennen, bestehen aus kohlenstoffhaltigen Verbindungen, und das heißt, dass auch die dahinterstehenden Wirtschaftsbranchen Kohlenstoffquellen brauchen, um die vielfältigen Produkte unseres Alltags bereitstellen zu können.

2.1.1 Woher kommt dieser Kohlenstoff heute? Und wie viel Kohlenstoff verbrauchen wir?

Der weitaus überwiegende Teil des Kohlenstoffs wird in Form der fossilen Kohlenstoffquellen Kohle, Erdöl und Erdgas gefördert. Wenn wir nur den Kohlenstoff in diesen Rohstoffen betrachten, dann liefern sie zusammen weltweit jährlich 12 Mrd. t Kohlenstoff (Tab. 2.1).

Weitere 6–7 Mrd. t Kohlenstoff steuern jährlich weltweit die Land- und die Forstwirtschaft mit Nutzpflanzen wie Getreide, Zuckerrüben, Raps, Mais, Soja und Waldbäumen bei. (Weltweit werden 13 Mio. t Biomasse

2 Warum wir die Bioökonomie brauchen

Tab. 2.1 Globaler Verbrauch fossiler Rohstoffe und ihr Kohlenstoffgehalt

Kohlenstoffquelle	Globaler Verbrauch [Milliarden Tonnen]	Kohlenstoffgehalt [Prozent]	[Milliarden Tonnen]
Braunkohle	1,0	70	0,7
Steinkohle	6,3	90	5,7
Erdgas	2,7	68	1,8
Erdöl	4,5	85	3,8
Summe	*14,5*	*83*	*12,0*

geerntet [1], die zu 40–50 % Kohlenstoff enthalten. Dass Biomasse nur zur Hälfte aus Kohlenstoff besteht, wird uns in diesem Buch noch mehrfach beschäftigen.) Insgesamt verbrauchen wir also 18–19 Mrd. t Kohlenstoff, davon rund zwei Drittel fossilen und ein Drittel biogenen Ursprungs (Abb. 2.1). Kohlenstoff fossilen Ursprungs überwiegt also bei Weitem. Man muss sich das wirklich bewusst machen: Die Weltwirtschaft verbraucht doppelt so viel fossilen Kohlenstoff, wie die globale Land- und Forstwirtschaft in Form von Biomasse erntet!

Verwendet werden die kohlenstoffhaltigen Rohstoffe für ganz unterschiedliche Zwecke. Der Energiesektor verschlingt zwei Drittel, wobei hier die Energieformen Strom, Wärme für Wohnen und Industrie und Treibstoffe für die Mobilität zusammengefasst werden. 8 % gehen in Materialien wie beispielsweise Holz- und Kunststoffprodukte sowie Chemikalien ein, und rund ein Viertel dient der Ernährung (Abb. 2.2).

Der Anteil der fossilen Rohstoffe am Kohlenstoffangebot ist also überaus hoch, der Energie- und Treibstoffsektor ist immer noch der bei Weitem größte Kohlenstofffresser, und der Verbrauch für Materialien und Chemie ist vergleichsweise gering. Der Dominanz der fossilen Rohstoffe entspricht auch die Dimension des

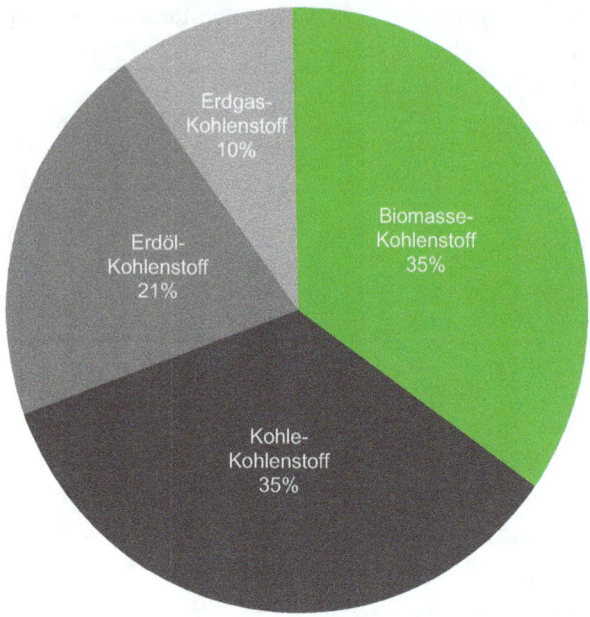

Abb. 2.1 Verbrauch von Kohlenstoff aus fossilen Quellen und Biomasse (19 Mrd. t pro Jahr)

damit verbundenen Geschäfts. Ein Vergleich mit dem Markt der Metalle macht dies deutlich: Allein der weltweite Umsatz mit Rohöl ist dreimal so groß wie der Weltmarkt für alle unverarbeiteten Metalle wie Eisen, Platin, Gold und Silber! [3] Die Kapazitäten für die Förderung und Verarbeitung fossiler Rohstoffe und damit auch die dort gebundenen Finanzmittel sind sehr, sehr groß.

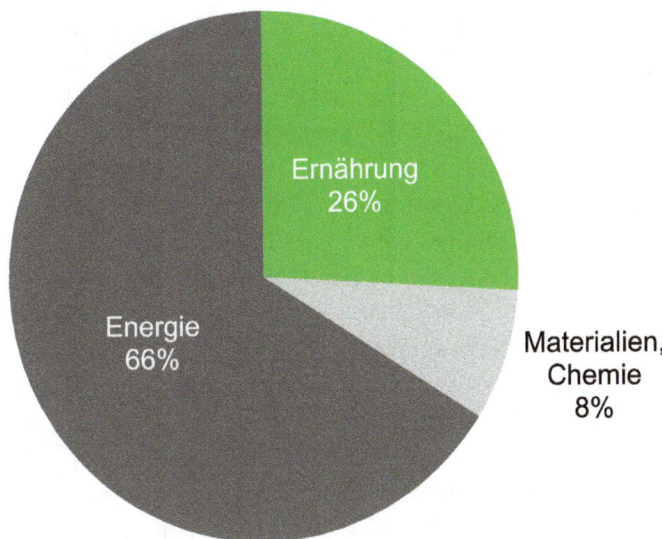

Abb. 2.2 Nutzungsarten fossilen und biogenen Kohlenstoffs (19 Mrd. t pro Jahr) [2]

2.2 Fossile Kohlenstoffquellen haben technische Vorteile

Warum ist das Geschäft mit den fossilen Rohstoffen so groß geworden? Ist es nur der immer noch wachsende Hunger nach Energie, Treibstoff und Kunststoffen? Die Nachfrage ist sicher ein wesentlicher Faktor. Ein anderer ist, dass Kohle, Erdgas und Erdöl aus Sicht der Produzenten, der Transporteure und der Verarbeiter technisch einfach ideale Rohstoffe sind. Sie sind kostengünstig zu fördern, leicht transportierbar, verderben nicht, sind sehr gute Energiequellen und bieten auch als Chemierohstoff vorteilhafte Eigenschaften. Das ist der Grund, warum mit Kohle Anfang des 19. Jahrhunderts das Industriezeitalter begann. 1858 wurde in Oil Springs (Kanada, Ontario) die weltweit erste Ölförderpumpe in

Betrieb genommen, und das damit eingeläutete Ölzeitalter hat mit Benzin und Diesel weit mehr als nur den Straßen- und Schiffsverkehr revolutioniert. Erdöl hat auch das Fliegen überhaupt erst möglich gemacht. Erst Kerosin hat damals, als die Gebrüder Wright 1904 zum ersten Mal ein Flugzeug in die Luft brachten, mit ein paar Litern Sprit ausreichend Energie zur Verfügung gestellt. 1866 hat Werner von Siemens mit einem Patent auf seine Dynamomaschine Strom verfügbar gemacht. Neben der Mobilität und Stromversorgung hat Erdöl aber auch noch eine weitere Innovationswelle angestoßen, nämlich die Chemie. Mit Farben und Arzneimitteln begann sich eine Industrie zu entwickeln, deren Produkte heute praktisch alle anderen Branchen und unseren Alltag durchdringen.

Der Grund für diese die Weltwirtschaft umwälzende Wirkung der fossilen Rohstoffe liegt in den günstigen Förderkosten, der technisch einfachen Transportierbarkeit, der unproblematischen Lagerung und der chemischen Beschaffenheit (s. Tabelle unter A.1 im Anhang). Alle diese Faktoren haben dazu geführt, dass sich seit Mitte des 19. Jahrhunderts Kohle, seit den 1920er-Jahren Erdöl und nach dem Zweiten Weltkrieg Erdgas als dominierende Energie- und Kohlenstoffquellen durchgesetzt haben. Die ökologischen Nachteile hat man erst spät erkannt und noch später begonnen gegenzusteuern.

Obwohl das Zeitalter der fossilen Rohstoffe zu Ende geht, muss auf einige ihrer Eigenschaften eingegangen werden, weil sie für die anschließende Diskussion der Wettbewerbsfähigkeit der alternativen, nachwachsenden Rohstoffe wichtig sind. Die Förderkosten sind zwar nicht mehr so günstig wie zu Beginn der Ölförderung, als Öl wie von selbst aus angebohrten Lagerflächen quoll. Die Bohrungen werden tiefer, in Eisregionen und unter Wasser angelegt, aber trotzdem ist die Ölproduktion immer noch profitabel, und der Marktpreis von Öl wird nach wie vor eher von der Nachfrage als von den Förderkosten bestimmt. 2014 konnte ich mich selbst in Oil Springs davon überzeugen, dass das 1858 angebohrte Ölfeld noch immer produktiv ist und die Pumpen sich nach wie vor kontinuierlich heben und senken. (Zur Reichweite fossiler Ressourcen und zu den Förderkosten s. Tabelle unter A.2 im Anhang.)

Die Lagerstätten für Öl, Gas und Kohle sind weltweit auf relativ wenige Regionen konzentriert: Nur 20 Staaten fördern Erdöl; die großen Produzenten sind Russland, der Nahe und der Mittlere Osten, Nordamerika und in Europa Norwegen und Großbritannien. Verarbeitet wird das Erdöl aber zu einem großen Teil fernab. Zum Teil werden die Rohstoffe Tausende von Kilometern transportiert. Das geht technisch einfach und kostengünstig mittels Schüttgutfrachtern und Eisenbahn für Kohle und mit Tankern und Pipelines für Öl und Gas. Deutschland wird beispielsweise mit russischem Öl über die Pipeline Druschba versorgt. Das System erstreckt sich über insgesamt 8900 km von Tatarstan über Weißrussland und Polen bis nach Leuna in Sachsen-Anhalt und transportiert jährlich 120 Mio. t Erdöl. Das entspricht der Ladekapazität von rund 1000 Öltankern. Weil das Ölzeitalter mit Tankern begann, haben sich große Verarbeitungskapazitäten in Seehäfen und entlang von Flüssen etabliert. Beispielsweise hat sich das Zentrum der europäischen Raffinerien und der weiterverarbeitenden Chemieindustrien um den Hafen von Rotterdam und entlang der Flüsse Rhein und Ruhr bis in die Schweiz entwickelt. Dort betreiben die Ölmultis BP, Shell und Total Raffinerien, und dort sind bis heute die Hauptsitze von Chemieunternehmen wie Bayer, BASF, Covestro, Evonik, Henkel, Lanxess und anderen angesiedelt. Weltweit haben sich nur sieben solcher sehr großen, auf Erdöl basierenden Industrieagglomerate gebildet: Houston (USA), Shanghai

(China), Jurong (Singapur), Jubail (Saudi-Arabien) und ARRR (EU; Antwerpen, Rotterdam, Rhein, Ruhr).

Der Grund zur Ausbildung solch großvolumiger Produktionskapazitäten liegt in Kostenvorteilen, denn im Vergleich zu einer dezentralen Produktionsstruktur sparen große Kapazitäten Fläche und Investitionsmittel, und auch die laufenden Produktionskosten sind niedriger. Dieser wirtschaftliche Skaleneffekt führt dazu, dass, wann immer es technisch möglich ist, zentralen Produktionsanlagen großer Kapazitäten der Vorrang gegeben wird. Gerade die fossilen Rohstoffe sind dafür hervorragend geeignet, denn die an sich schon gute Transportierbarkeit wird durch eine weitere vorteilhafte Eigenschaft ergänzt. Alle fossilen Rohstoffe enthalten zu einem sehr hohen Anteil Kohlenstoff, also genau das gesuchte Element. Eine Tonne Steinkohle zum Beispiel enthält 920 Kg, eine Tonne Öl 850 Kg Kohlenstoff. Unter anderem diese hohe Kohlenstoffdichte macht den Transport günstig. Mit Kohlenstoff allein sind die Treibstoff- und die Chemieindustrie aber noch nicht zufrieden, und damit kommen wir zum dritten Punkt, der die Attraktivität fossiler Rohstoffe ausmacht, zu Wasserstoff. Der Kohlenstoff ist nämlich in Kohle, Erdöl und Erdgas mit Wasserstoff verbunden und damit chemisch reduziert. In dieser Eigenschaft liegt der Energiegehalt von Treibstoffen verborgen, und auch für viele chemische Synthesen ist dieser reduzierte Zustand vorteilhaft. Viele Chemieprodukte sind nämlich ebenfalls reduziert. (Dies gilt insbesondere für Grundchemikalien, die noch öfter zu diskutieren sein werden. Sie verursachen rund zwei Drittel der Treibhausgasemissionen der Chemieindustrie.) Der hohe Gehalt an Kohlenstoff und der chemisch reduzierte Zustand sind wichtige Unterschiede zu Biomasse, auf die wir noch zurückkommen werden.

Außerdem ist die Verarbeitung beispielsweise von Öl relativ einfach. Im Prinzip wird Öl in der Ölraffinerie erhitzt. Leichte Moleküle „verdampfen" als Gas, schwerere werden dünnflüssig (Benzin, Diesel, Naphtha), und übrig bleibt Bitumen, das für die Herstellung von Asphalt in den Straßenbau geht. Ganz so einfach ist es in der Praxis natürlich nicht, aber für den späteren Vergleich mit nachwachsenden Rohstoffen ist diese Beschreibung einer Ölraffinerie ausreichend. Die Kombination von günstigen Transporteigenschaften mit vorteilhafter Verarbeitung war die Voraussetzung dafür, dass sehr große Industrieanlagen mit Tausenden von Arbeitsplätzen entstehen konnten, die ganze Regionen prägen [4]. Man fahre nur einmal am Standort der BASF in Ludwigshafen vorbei, wo auf 10 Quadratkilometern 160 Produktionsanlagen über ein 2800 km langes Pipelinenetzwerk miteinander verbunden sind. Die nahe gelegene Ölraffinerie Shell Rheinland hat eine Verarbeitungskapazität von 17 Mio. t Rohöl, die rund 14,5 Mio. t Kohlenstoff enthalten. Das entspricht theoretisch dem Kohlenstoffgehalt von 33 Mio. t Zucker, also dem Sechsfachen der deutschen Zuckerernte von 2018/2019! Insgesamt verfügt allein Deutschland über eine Raffineriekapazität von 90 Mio. t Rohöl.

Heute wissen wir allerdings auch, dass dieser Erfolgsgeschichte, die uns Mobilität, moderne Produkte, Arbeitsplätze und Wohlstand gebracht hat, ein enormer Schaden, nämlich der Klimawandel gegenübersteht.

2.3 Warum sind fossile Rohstoffe trotzdem problematisch?

Mit Kohle, Erdöl und Erdgas hat sich eine die Welt umspannende hocheffiziente industrielle Infrastruktur entwickelt, die, wie wir gesehen haben, zweimal so viel Kohlenstoff verarbeitet, wie in den Kulturpflanzen der Landwirtschaft und den Wäldern der Forstwirtschaft geerntet wird. Weil die fossilen Rohstoffe fast ausschließlich zur Energieerzeugung verbrannt werden, wird der in ihnen enthaltene Kohlenstoff als Kohlenstoffdioxid in die Atmosphäre emittiert, und die Pflanzen der globalen Land- und Forstwirtschaft sowie die natürliche Vegetation haben einfach nicht die Kapazität, dieses photosynthetisch der Atmosphäre vollständig zu entziehen und wieder in pflanzlicher Biomasse zu binden. Weil dies so ist, akkumuliert ein Teil der jährlichen Kohlenstoffdioxidemission in der Atmosphäre und erhöht Jahr für Jahr die Kohlenstoffdioxidkonzentration. In der Atmosphäre reduziert Kohlenstoffdioxid allerdings die Abstrahlung von Wärme in den Weltraum und verursacht so die Klimaerwärmung (Kasten 2.1). So vorteilhaft die fossilen Rohstoffe in technischer Hinsicht sind, so schwierig ist die Sackgasse, in die sie uns verleitet haben, und zwar in ökologischer, ökonomischer und sozialer Hinsicht. Die mit dem steigenden Kohlenstoffdioxidgehalt einhergehenden Schäden kommen schleichend, sind aber immens. Die Dürresommer 2018 und 2019 haben zu landwirtschaftlichen Ernteeinbußen geführt und in den Wäldern Setzlinge und ausgewachsene Bäume vertrocknen lassen. An der Nordsee müssen wegen des steigenden Meeresspiegels die Deiche erhöht werden. Im Hochgebirge bedrohen Felsstürze ganze Gemeinden, weil Felswasser schmilzt, und der Rhein fällt wegen eines zu niedrigen Wasserpegels wochenlang als Transportstraße aus, was 2018 allein die BASF Millionen Euro gekostet hat. Andere Länder sind sogar existenziell bedroht. Der Meeresspiegel steigt bereits, und es wird nicht ausgeschlossen, dass beispielsweise das Mekongdelta, das mehr als die Hälfte der vietnamesischen Nahrungsmittel produziert, in 50 Jahren überflutet ist. Viele Hafenstädte, auch in Europa, leben mit diesem Risiko.

In der Kalkulation der Preise für fossile Rohstoffe, ihren Transport und ihre Verarbeitung sind diese Schäden und der Aufwand für die Reparatur, wenn sie überhaupt möglich ist, jedenfalls nicht enthalten. Dabei ist die Emission von Kohlenstoffdioxid aus der Nutzung fossiler Rohstoffe noch nicht einmal das einzige Problem, denn dieses Gas ist nur eines von mehreren klimaerwärmenden Gasen, die insgesamt als Treibhausgase bezeichnet werden (s. Tabelle unter A.3 im Anhang). Alle diese Gase müssen beachtet werden, und einige sind sogar noch schädlicher als Kohlenstoffdioxid. Die öffentliche Diskussion konzentriert sich nur deshalb auf dieses Gas, weil es zum einen volumenmäßig das Bedeutendste ist, und zum anderen, weil sich die Quellen Kohle, Erdöl und Erdgas so genau benennen lassen. Es ist deshalb dringlich, die ständige Zufuhr von Kohlenstoffdioxid und anderen Treibhausgasen in die Atmosphäre schrittweise zu reduzieren und schließlich ganz zu vermeiden.

> **Kasten 2.1 Natürliche und anthropogene Klimaerwärmung**
>
> Erst Treibhausgase wie Kohlenstoffdioxid machen die Erde bewohnbar. Der vorindustrielle Gehalt an Treibhausgasen in der Atmosphäre hat die Lufttemperatur an der Erdoberfläche auf einer global durchschnittlichen Temperatur von +15°C gehalten (natürlicher Treibhauseffekt). Seit der Industrialisierung steigt der Gehalt an Treibhausgasen und wir beobachten die Klimaerwärmung; dies wird als anthropogener Treibhauseffekt bezeichnet.

2.4 Das Pariser Klimaabkommen

Auf dieses Ziel, nämlich die Treibhausgaskonzentration in der Atmosphäre zu begrenzen, haben sich 197 Staaten mit dem Pariser Klimaabkommen (s. A.4 im Anhang) geeinigt. (Es wurde 2016 von Deutschland ratifiziert und ist damit rechtsverbindlich geworden. Das Abkommen bezieht sich nicht nur auf Kohlenstoffdioxid, sondern auf alle Treibhausgase und fordert, „ein Gleichgewicht zwischen anthropogenen Emissionen aus Quellen und der Beseitigung von Treibhausgasen aus Senken in der zweiten Hälfte dieses Jahrhunderts zu erreichen". Damit wird die absolute Konzentration der Treibhausgase in der Atmosphäre zwar nicht reduziert, aber sie soll immerhin nicht weiter steigen. Schrittweise soll deshalb die Emission im Vergleich zu 1990 um 95 % reduziert werden. Das Abkommen hat dafür auch einen Termin gesetzt: Bis 2050 muss das Ziel erreicht sein, und zwar ausdrücklich sowohl durch Vermeidung als auch durch die Schaffung von Kohlenstoffspeichern (Senken). Dieses Datum ist nicht willkürlich gewählt, sondern das Ergebnis einer Analyse, wie viel zusätzliche Treibstoffgase der Atmosphäre noch zumutbar sind (s. Kasten 2.2).

Kasten 2.2 Das Treibhausgasbudget

Um die Klimaerwärmung im Vergleich zu 1990 unter 2 °C zu halten, darf die Treibhausgaskonzentration in der Atmosphäre nur noch beschränkt steigen. Dieses gerade noch akzeptable Emissionsvolumen wird als Emissionsbudget bezeichnet. Es wird in Kohlenstoffdioxid-Äquivalenten ausgedrückt, um die unterschiedliche Klimawirksamkeit der Treibhausgase zu berücksichtigen. Das mit dem 2 °C-Ziel noch verträgliche Budget wurde im Pariser Abkommen auf 1000 Gigatonnen Kohlenstoffdioxid-Äquivalente festgelegt. Umgerechnet auf fossile Rohstoffe, die dieses Emissionsvolumen verursachen können, ergibt sich, dass bis 2050 nur noch 70 % der bekannten Ölreserven, 55 % der erschlossenen Gaslager und 20 % der Kohlereserven gefördert werden dürfen (s. Tabelle unter A.5 im Anhang). Um die Klimaerwärmung unter 2 °C zu halten, muss die Förderung fossiler Rohstoffe also lange vor der Erschöpfung der Lagerstätten eingestellt werden.

Der Verzicht auf fossile Rohstoffe in der Energieerzeugung prägt nicht nur in Deutschland die öffentliche Debatte und die Politik. Seit vielen Jahren werden mit der Energiewende kohlenstofffreie Energien wie Photovoltaik und Windenergie vorangetrieben, und tatsächlich konnte die Emission der Stromproduktion seit 1990 um 38 % reduziert werden [5]. Was ist aber mit den Branchen der biobasierten Materialien und der Chemie? Wie können wir diese Wirtschaftsbereiche emissionsfrei bekommen, obwohl sie doch auf die Verarbeitung von kohlenstoffhaltigen Rohstoffen angewiesen bleiben werden?

2.5 Warum ist die Bioökonomie eine Alternative?

Eine naheliegende Möglichkeit ist die Nutzung des natürlichen Kohlenstoffkreislaufs. Er nutzt die Sonne, um photosynthetisch Kohlenstoffdioxid aus der Atmosphäre in pflanzlicher Biomasse zu speichern. Genau dies ist die vom Pariser Klimaabkommen geforderte Kohlenstoffsenke, die uns bereits jetzt zur Verfügung steht und kurz- bis mittelfristig in großem Maßstab ausgebaut werden könnte (Kasten 2.3). Eine Wirtschaft, die auf diesem Rohstoff aufbaut, wird als Bioökonomie bezeichnet. Angesichts der schieren Größe der fossilbasierten Wirtschaft ist dabei allerdings nicht vorstellbar, dass das Volumen fossilen Kohlenstoffs durch die Land- und Forstwirtschaft einfach ersetzt werden könnte. Für die Bioökonomie müssen deshalb Prioritäten gesetzt werden, und gerade in der jetzigen Übergangsphase kommt es darauf an, die verschiedenen Optionen sorgfältig zu analysieren, hinsichtlich der ökologischen, ökonomischen und sozialen Wirkungen zu bewerten und auf dieser Basis ausgewogene Entscheidungen zu treffen.

Kasten 2.3 Fossile und biologische Kohlenstoffsenken

Kohlenstoff ist in der Lithosphäre, Hydrosphäre, Atmosphäre und Biosphäre gelagert. Durch Verwitterung, Gasaustausch, Photosynthese und Respiration entsteht ein Austausch zwischen den Sphären. Volumenmäßig am bedeutendsten ist die Bindung von Kohlenstoffdioxid aus der Atmosphäre durch pflanzliche Photosynthese in Biomasse. Sowohl die fossilen Kohlenstoffquellen als auch heutige Biomasse gehen letztlich auf Kohlenstoffdioxid zurück. Der fossile Kohlenstoff wurde vor Millionen Jahren der Atmosphäre durch Photosynthese entzogen, in Biomasse gebunden und in Kohle, Erdöl, Erdgas umgewandelt. Die heutige Verbrennung fossiler Rohstoffe führt diesen Kohlenstoff in Form von Kohlenstoffdioxid wieder in die Atmosphäre zurück.

Der heute in Biomasse gebundene Kohlenstoff entstammt ebenfalls dem atmosphärischen Kohlenstoffdioxid, wurde ebenfalls photosynthetisch in Biomasse gebunden, kehrt aber durch natürlichen Abbau (Kompostierung, Verdauung) oder durch Verbrennung (Waldbrand, Pelletheizung, Biotreibstoffe) in die Atmosphäre zurück, um von dort wieder über die Photosynthese in den natürlichen Kohlenstoffkreislauf einzutreten. Die Kapazität der globalen Photosynthese reicht dabei aus, um das aus dem Abbau und der Verarbeitung der heute wachsenden Biomasse stammende Kohlenstoffdioxid wieder vollständig zu binden. Die Verarbeitung von Biomasse erhöht deshalb die Konzentration von Kohlenstoffdioxid in der Atmosphäre grundsätzlich nicht. Die heute zusätzlich aus fossilen Rohstoffen stammenden Volumina an Kohlenstoffdioxid überfordern aber die Photosynthesekapazität der globalen Pflanzenwelt. Deshalb führt die Verbrennung fossiler Kohlenstoffquellen zu einer Erhöhung der Kohlenstoffdioxidkonzentration in der Atmosphäre.

Literatur

1. Heissenhuber A et al (ohne Datum) Globale Landflächen und Biomasse nachhaltig und resssourcenschonend nutzen. Umweltbundesamt Dessau. https://www.umweltbundesamt.de/sites/default/files/medien/479/publikationen/globale_landflaechen_biomasse_bf_klein.pdf. Zugegriffen am 2. Febr. 2010
2. http://www.factfish.com/de/statistik/erdgas%2C%20bruttoproduktion. Zugegriffen: 2. Jan. 2020
3. Desjardins J (2016) The oil market is bigger than all metal markets combined. https://www.visualcapitalist.com/size-oil-market/. Zugegriffen: 2. Jan. 2020
4. VCI (ohne Datum) Chemical parks at a glance. https://chemicalparks.com/chemical-parks/list-of-chemical-parks.html. Zugegriffen: 2. Jan. 2020
5. UBA (2019) CO2-Emissionen pro Kilowattstunde Strom sinken weiter. https://www.umweltbundesamt.de/themen/co2-emissionen-pro-kilowattstunde-strom-sinken. Zugegriffen: 2. Jan. 2020

3

Welche Biomasserohstoffe sich anbieten

Zusammenfassung

Aus Biomasse kann grundsätzlich dasselbe breite Produktspektrum erzeugt werden, das wir auf Basis von Kohle, Erdöl und Erdgas gewohnt sind. Biomasse ist deshalb der grundlegende Rohstoff der Bioökonomie. Allerdings besteht Biomasse aus einer Vielzahl unterschiedlicher Komponenten, die mehr oder weniger aufwendige Verwertungsmethoden erfordern. Auch die bei der Verarbeitung anfallenden flüssigen, festen und gasförmigen Nebenprodukte und Reststoffe können weiterverarbeitet werden. Grundsätzlich sind also alle Bestandteile von Biomasse verwertbar.

Bis vor rund 200 Jahren, als die industrielle Verwertung von Kohle begann, ist die Menschheit weitgehend ohne fossile Kohlenstoffquellen ausgekommen. Als Konstruktionsmaterial wurde unter anderem Holz eingesetzt, das auch der Erzeugung von Wärme diente. Als Energiequelle für die Beleuchtung wurden pflanzliche und tierische Fette und Öle verwandt. Bekleidungsmaterialien wurden aus pflanzlichen (Leinen, Baumwolle) und tierischen Stoffen (Leder, Schafwolle) hergestellt. Um die für die Metallverarbeitung hohen Temperaturen zu erreichen, wurde Holzkohle hergestellt, also ein Material, das mit über 90 % einen sehr hohen Gehalt an Kohlenstoff bietet. Dabei fielen auch Chemikalien an. Holzteer wurde beispielsweise als Klebstoff und Konservierungsmittel verwendet. Auch Holzessig und Terpentinöl waren Produkte der Köhlerei. Heute sind wir gezwungen, wieder zu nichtfossilen Kohlenstoffquellen zurückzukehren und unsere Wirtschaft in die Systemgrenzen des natürlichen Kohlenstoffkreislaufs zu integrieren. Als Alternative zu fossilen Kohlenstoff- und Energiequellen bietet sich Biomasse an, denn grundsätzlich lassen sich mit den Verfahren der Biotechnologie und Chemie alle Produkte herstellen, die wir heute gewohnt sind.

Industriell verwertbare Biomasse produziert vor allem die Land- und Forstwirtschaft. So wird die Zuckerrübe für die Gewinnung von Zucker angebaut. Mais, Kartoffel und Getreide dienen der Erzeugung von Stärke, aus der ebenfalls Zucker gewonnen werden kann. Zucker ist die Grundlage für sehr viele biobasierte Produkte wie beispielsweise Bioethanol, Biopolymere, Chemikalien und Pharmawirkstoffe. Aus Ölpflanzen wie Raps und Sonnenblume wird pflanzliches Öl gepresst und unter anderem zu Biodiesel verarbeitet. In großem Maßstab wird auch das Holz der Forstwirtschaft genutzt. Konstruktionsmaterialien, Zellulose und Papier sind wichtige Produkte. Zucker, pflanzliche Öle und Holz sind heute die wichtigsten Kohlenstoffquellen der modernen Bioökonomie (Kasten 3.1).

3 Welche Biomasserohstoffe sich anbieten

> **Kasten 3.1**
> Dass die Land- und Forstwirtschaft und die Fischerei Biomasse produzieren, die zu Nahrungs- und Futtermitteln, zu Konstruktionsmaterialien, Papier und Textilfasern *stofflich* sowie zur Erzeugung von Energie *energetisch* verarbeitet wird, ist an sich nicht neu. Man könnte diese aus vorindustriellen Zeiten stammende Verwertung als *konventionelle* Bioökonomie bezeichnen. Neu ist aber die industrielle stoffliche und energetische Verwertung zu Chemie- und Pharmaprodukten, Bioplastik, Strom und Treibstoffen. Das ist die *moderne* Bioökonomie.

3.1 Umwandlung von Biomasse

In der Umwandlung von Biomasse in Chemieprodukte spielen Mikroorganismen eine wichtige Rolle, denn sie können grundsätzlich mit allen Bestandteilen von Biomasse umgehen. Darunter gibt es Komponenten wie beispielsweise Zucker, die von sehr vielen Mikroorganismen umgesetzt werden können und deshalb einen vielseitig verwendbaren industriellen Rohstoff darstellen. Andere Bestandteile erfordern spezielle, oft aufwendige Verarbeitungsverfahren. Grundsätzlich sind aber alle Biomassekomponenten als industrielle Kohlenstoff- und Energiequellen geeignet. Ihre Vielfalt wird im Folgenden vorgestellt.

3.1.1 Zucker

Zucker zum Beispiel wird von Mikroorganismen durch die Zellmembran aufgenommen und als Energie- und Kohlenstoffquelle für den Aufbau der eigenen Zellbestandteile verwendet. Wenn man beispielsweise dem Bakterium *Escherichia coli* Zucker und weitere Nährstoffe anbietet, kann es sich alle 20 min teilen und verdoppeln. Hefezellen brauchen mit zwei Stunden etwas länger, aber trotzdem ist es erstaunlich, dass in so kurzer Zeit alle Bestandteile einer Zelle gebildet und komplett zu einer lebenden Zelle zusammengesetzt werden. Das braucht viel Energie und (unter anderem) Kohlenstoff. Diese Energie gewinnen die Zellen durch den Abbau von Zucker, wobei Kohlenstoffdioxid gebildet und in die Atmosphäre abgegeben wird. Zucker dient auch als Kohlenstoffquelle für den Aufbau der mikrobiellen Biomasse und die Produktion industriell gesuchter Stoffwechselprodukte, beispielsweise von Bioethanol. Bei der Herstellung von Bioethanol wird also ein Teil des Rohstoffs Zucker in Biomasse umgesetzt, ein Teil wird als Kohlenstoffdioxid abgegeben, und ein weiterer Teil findet sich in dem Produkt wieder. Diese Aufteilung des Rohstoffs in ein Hauptprodukt (beispielsweise Bioethanol) und Nebenprodukte (Biomasse, Kohlenstoffdioxid) gilt für die allermeisten industriellen Fermentationsverfahren; sie wird uns in diesem Buch immer wieder beschäftigen.

3.1.2 Stärke

Stärke besteht aus chemisch miteinander verknüpften Zuckermolekülen. Diese Zucker können nur von Mikroorganismen verwertet werden, die Stärke abbauen können. Dazu sind aber nicht alle industriell wichtigen Mikroorganismen in der Lage. Für sie kann Stärke durch eigens hergestellte Enzyme vorverdaut werden (s. A.6 im Anhang). Auch Stärke ist deshalb eine etablierte industrielle Kohlenstoffquelle.

3.1.3 Holzartige Biomasse

Zucker ist in einem weiteren weitverbreiteten pflanzlichen Material enthalten, nämlich in holzartiger Biomasse, die als Grundgerüst von Holz, Stroh, Spreu, Maiskolben und Rübenschnitzeln Lignocellulose enthält. In Lignocellulose sind die Zuckermoleküle in Cellulosen chemisch miteinander verknüpft. Die Cellulosen wiederum sind mit einem weiteren Molekül, dem Lignin, vernetzt, weshalb diese verbundene Struktur als Lignocellulose bezeichnet wird. Sie ist chemisch so komplex vernetzt, dass es nur Spezialisten unter den Mikroorganismen gelingt, die Zucker aus der Lignocellulose freizusetzen und zu verwerten. Vor allem Pilze sind dazu imstande. Tatsächlich nutzt man spezielle Enzyme aus Pilzen, um aus der Lignocellulose Zucker freizusetzen. Einmal freigesetzt, können diese Zucker beispielsweise auch von Hefen zur Herstellung von Bioethanol verwendet werden. Damit hat auch holzartige Biomasse als Kohlenstoffquelle Potenzial. Als Energiequelle ist holzartige Biomasse seit Urzeiten etabliert. Sie wird einfach verbrannt.

3.1.4 Kohlenstoffdioxid

Bei der Verbrennung von holzartiger Biomasse entsteht Kohlenstoffdioxid, und wir haben gesehen, dass bei praktisch allen mikrobiellen Verfahren als Nebenprodukt Kohlenstoffdioxid entsteht. Wäre es nicht vorteilhaft, auch dieses Nebenprodukt als Kohlenstoffquelle nutzen zu können? Pflanzen und Algen können das. Sie sind photosynthetisch aktiv und nutzen die Sonnenenergie als Energiequelle für die Photosynthese. Tatsächlich wird Kohlenstoffdioxid in Gewächshäuser eingeleitet, um das Wachstum der Pflanzen anzuregen, und auch in der Kultivierung von Algen wird dieses Gas als Kohlenstoffquelle verwendet. Manche Bakterien können statt Licht auch Wasserstoff als Energiequelle für die Verstoffwechselung von Kohlenstoffdioxid verwenden (s. A.7 im Anhang). Auch Kohlenstoffdioxid ist also eine potenzielle Kohlenstoffquelle. Kohlenstoffdioxid kann nicht nur photosynthetisch unter Nutzung der Sonnenenergie im natürlichen Kohlenkreislauf, sondern auch mit anderen Energiequellen in einem technischen Kohlenstoffkreislauf geführt werden (Abb. 3.1).

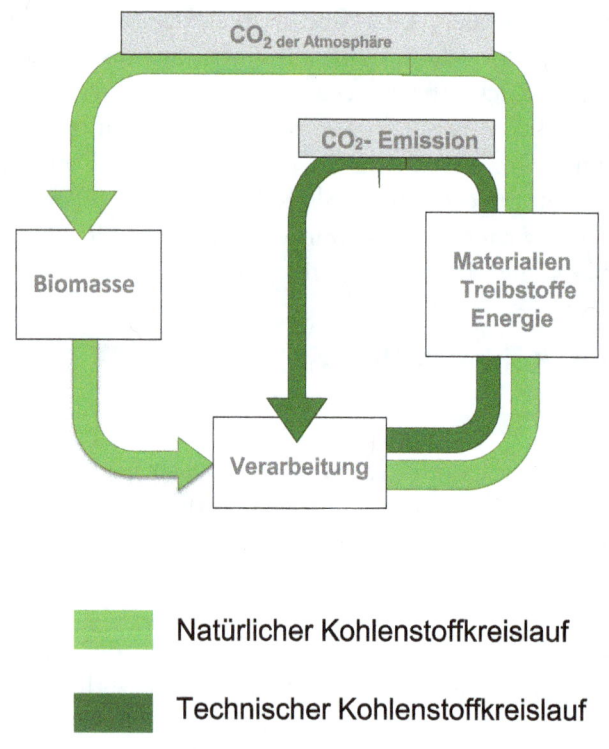

Abb. 3.1 Der natürliche und der technische Kohlenstoffkreislauf

3.1.5 Mikrobielle Biomasse

Zuletzt bleibt ein Nebenprodukt der Fermentation, die mikrobielle Biomasse, anzusprechen. Dabei entspricht die Anzahl der Verwendungsmöglichkeiten der Vielfalt der industriell etablierten Mikroorganismen, die diese Biomasse bilden. So entstehen bei der Fermentation von Bioethanol erhebliche Mengen an Hefebiomasse. Mit ihrem hohen Gehalt an wertvollem Eiweiß und vielen Vitaminen hat sie einen sehr guten Nährwert und kann deshalb als Tierfutter Verwendung finden. Wenn der Nährwert zu gering ist oder die Biomasse aus anderen Gründen nicht verwertet werden darf, bleiben drei weitere Optionen.

Eine Möglichkeit ist die Einspeisung in eine Biogasanlage. Die dort aktiven Mikroorganismen können praktisch jedes pflanzliche, mikrobielle und tierische Material verwerten. Dazu gehören auch die Reststoffe von Fermentationen. Wegen dieser Vielseitigkeit der Rohstoffverwertung wird der Biogasfermentation im Stoffkreislauf der Bioökonomie eine ganz zentrale Rolle zugeordnet, zumal Biogas auch vielfältige Optionen der energetischen und der stofflichen Verwertung bietet.

Eine weitere Option ist die Gasifizierung, d. h. die Erhitzung unter Luftabschluss. Dabei entsteht Kohlenstoffmonoxid, also ein Molekül mit nur einem Sauerstoffatom (CO) statt wie bei Kohlenstoffdioxid zwei Sauerstoffatomen (CO_2). Auch für die Verwertung dieses Gases gibt es unter Mikroorganismen Spezialisten, sodass gasifizierte Biomasse eine Kohlenstoffquelle darstellen kann.

Die letzte und zugleich wirtschaftlich undankbarste Option für die Verwertung von Rückständen ist die Verbrennung. Dies ist zwar die technisch einfachste Option, aber sie erreicht auch nur die geringste Wertschöpfung, denn nur noch der Brennwert wird genutzt. Je nach Zusammensetzung kann die Biomasseasche noch als Dünger verwertet werden.

3.2 Kaskadennutzung

Diese Beispiele sollten zeigen, dass prinzipiell alle pflanzlichen Inhaltsstoffe und auch die Nebenprodukte ihrer Verarbeitung als Kohlenstoffquellen dienen können, wobei der technische Aufwand und die Werthaltigkeit der Produkte sehr unterschiedlich sind. Zucker, Stärke und pflanzliche Öle sind einheitliche Materialien hoher Homogenität, die gut in hochwertige Produkte wie Chemikalien, Treibstoffe und Pharmawirkstoffe umzusetzen sind. Dabei entstehen unvermeidbare Koppelprodukte, die selbst vermarktet werden können, und Nebenprodukte. Sie können für die Weiterverarbeitung in einem anderen Verfahren gut geeignet sein, und die Nebenprodukte dieses Prozesses sind dann möglicherweise nur noch für die Entsorgung durch die energetische Verwertung zu verwenden. Eine derartige Verwertung der Biomasse über mehrere Stufen von zunächst stofflicher bis hin zu energetischer Verwertung wird als Kaskadennutzung bezeichnet (Abb. 3.2). Dieses Nutzungskonzept sorgt dafür, dass die Biomasse vollständig verwertet wird. Das ist eine ganz wichtige Voraussetzung für eine nachhaltige Bioökonomie.

3.3 Verwertungstechnologien

Diese Aufzählung mag den Eindruck erwecken, man könne biogene Biomasse, Nebenprodukte und Abfälle, so wie sie sind, nehmen und als Kohlenstoffquelle in die

3 Welche Biomasserohstoffe sich anbieten

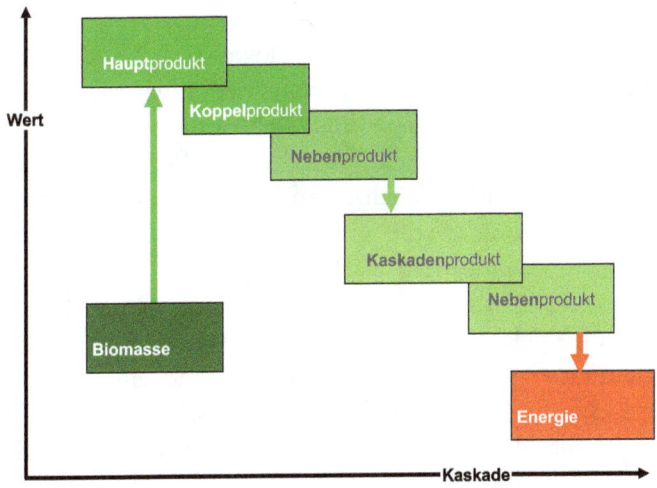

Abb. 3.2 Koppelprodukt und Kaskadennutzung von Biomasse

etablierten Verfahren zu biobasierten Materialien und Chemikalien sowie Wärme und Strom einschleusen. Das ist nicht ganz falsch, denn beispielsweise die Wärme- und Stromerzeugung durch Verbrennung von Holzpellets in einem Blockheizkraftwerk unterscheidet sich nicht grundsätzlich von der Verbrennung von Kohle. Biogene Rohstoffe können im Prinzip auch in eine Ölraffinerie, und zwar den Cracker, eingespeist werden. Die BASF nutzt diese Option in Ludwigshafen [1], allerdings aus technischen Gründen nur mit einem kleinen Anteil, sodass eine Ölraffinerie unter keinen Umständen einfach auf Biomasse umgestellt werden könnte. Nein, für den größten Teil der Anwendungen müssen Verfahren umgestellt und neue Anlagen gebaut werden. Die Ursache liegt in der im Vergleich zu fossilen Rohstoffen andersartigen Zusammensetzung von Biomasse (siehe Kap. 5).

Für die Verarbeitung der sehr komplexen Biomassen und der vielfältigen festen, flüssigen und gasförmigen

Nebenprodukte sind mechanische, thermische, chemische und biotechnologische Technologien notwendig. Sie werden in sogenannten Bioraffinerien integriert, die in der Lage sind, Biomasse und Nebenprodukte möglichst vollständig zu verwerten. Für sehr viele Produkte unseres Alltags sind solche Verfahren zu biobasierten Alternativen in Entwicklung, werden im Pilotmaßstab getestet oder sind bereits industriell etabliert (Tab. 3.1). Das gilt insbesondere für die essbaren Rohstoffe Zucker und Stärke. Für die vielen nicht essbaren Nebenprodukte gilt das allerdings nur für Einzelbeispiele. Sie sind entweder erst in früher Entwicklung oder noch nicht wirtschaftlich. Der Stand der Bioökonomie in Deutschland ist Thema des nächsten Kapitels.

Tab. 3.1 Etablierte biogene Rohstoffe und ihre Produkte [2]

Produktgruppe	Rohstoffe	
	Nahrungsmittel	kein Nahrungsmittel
Nahrungsmittel	Zucker-, Stärke-, Ölpflanzen	
Chemikalien	Zucker, Stärke, Öle, Fette	Cellulose, Öle, Fette
Kunst- und Werkstoffe	Stärke, Rizinusöl	Naturfasern
Schmierstoffe	Öle, tierische Fette	
Wasch- und Körperpflegemittel	Palmöl, Kokosnussöl, tierische Fette, Stärke, Zucker, Melasse	Palmkernöl
Papier, Pappe, Kartonage	Stärke	Holz
Bauen und Wohnen	Leinöl	Holz, Fasern
Pharmazeutische Produkte		Arzneipflanzen (Fenchel, Kamille, Pfefferminze)
Biotreibstoffe	Rapsöl, Sojaöl, Zucker, Stärke	
Biogas	Mais	Bioabfälle

Literatur

1. Farbenundlack (2016) Nicht jeder nachwachsende Rohstoff ist nachhaltig. https://www.farbeundlack.de/Wissenschaft-Technik/Rohstoffe/Nicht-jeder-nachwachsende-Rohstoff-ist-nachhaltig. Zugegriffen: 2. Jan. 2020
2. FNR (2014) Marktanalyse nachwachsender Rohstoffe. http://fnr.de/marktanalyse/15_zf_stofflich.html. Zugegriffen 2. Jan. 2020 (ergänzt)

4

Der Stand der Bioökonomie in Deutschland

> **Zusammenfassung**
>
> Biomasse wird seit alters her von den Branchen der *konventionellen* Bioökonomie verarbeitet. Unter ihnen ist die Nahrungsmittelindustrie wirtschaftlich am bedeutendsten. In der Landwirtschaft dient der größte Teil der Agrarflächen der Futtermittelproduktion, und in der Holzwirtschaft ist der Energiesektor der größte Abnehmer. Wachstumspotenzial besteht für die *moderne* Bioökonomie in den Branchen, die die Rohstoffwende noch vor sich haben. Das sind die Sektoren der Bau-, Chemie, Pharma-, Energie- und Abfallwirtschaft.

Die *moderne* Bioökonomie betrifft alle Branchen, die heute noch fossile Rohstoffe verwenden und auf biobasierte Energie- und Kohlenstoffquellen umstellen können. Das sind die Sektoren des produzierenden Gewerbes, des Energiesektors und des Baugewerbes. Sie werden für die Produktion biobasierter Rohstoffe auf dieselben land- und forstwirtschaftlichen Flächen zugreifen müssen, die bisher allein die *konventionelle* Bioökonomie bedient haben. Deren Sektoren können deshalb nicht außen vor gelassen werden. In die folgende Diskussion über den Stand der Bioökonomie in Deutschland und Europa werden deshalb alle Branchen, die biogene Rohstoffe erzeugen oder verarbeiten können, einbezogen.

4.1 Die deutsche Bioökonomie

Die Biomasse erzeugende und verarbeitende Wirtschaft hat ein erhebliches Gewicht, denn sie macht rund ein Drittel des deutschen Bruttoinlandsprodukts von 3344 Mrd. EUR (2018) [1] aus. Dazu tragen die Branchen der konventionellen Bioökonomie rund 30 % bei. Die Sektoren der künftigen modernen Bioökonomie machen 70 % aus; sie sind erst teilweise biobasiert und haben die Rohstoffwende größtenteils noch vor sich (Abb. 4.1).

Insgesamt erarbeiten heute in der deutschen Bioökonomie eine Million Beschäftigte [2] einen Umsatz von 380 Mrd. EUR [3, 4]. Das sind immerhin 11% des deutschen Bruttosozialprodukts. Dabei gehen immer noch zwei Drittel des Umsatzes auf die Branchen der konventionellen Bioökonomie zurück; allein 44 % werden in der Ernährungsindustrie erzeugt (Abb. 4.2).

Auch europaweit hat die Bioökonomie erhebliches Gewicht. 18,1 Mio. Menschen erwirtschaften 2300 Mrd. EUR. Dies entspricht 8,2 % der Arbeitsplätze (EU28) und 4,2 % des Bruttosozialprodukts [5]. Wie in Deutschland ist die Nahrungsmittelbranche auch europaweit sehr bedeutend. Sie erzielt rund die Hälfte des gesamten Bioökonomieumsatzes. Der Anteil der Landwirtschaft ist allerdings mit 17 % deutlich größer als in Deutschland [6], wohingegen die Chemie- und Pharmaindustrie europaweit

4 Der Stand der Bioökonomie in Deutschland

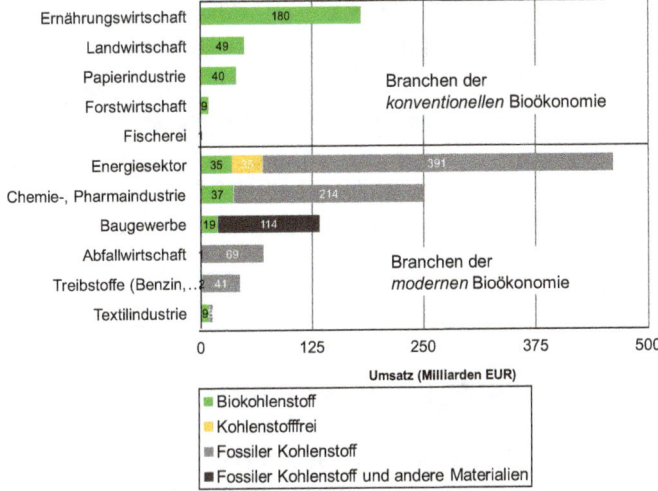

Abb. 4.1 Umsatz von Branchen der konventionellen und modernen Bioökonomie (Deutschland)

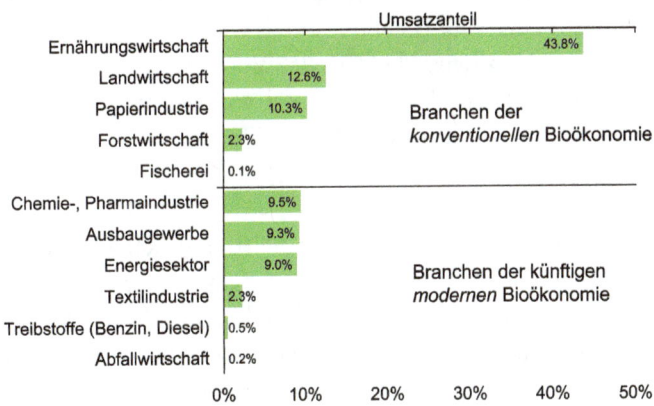

Abb. 4.2 Anteil am Umsatz von Branchen der *konventionellen* Bioökonomie und von den Branchenteilen der *modernen* Bioökonomie, die bereits biobasiert produzieren

weniger als bei uns beiträgt. Was das für die Prioritätensetzung bei uns bedeutet, wird in Kap. 7 angesprochen werden. Derartige Unterschiede sind nicht überraschend, denn die Bioökonomie entwickelt sich aus der bestehenden Industriestruktur heraus, und die ist natürlich länderspezifisch verschieden. Im Folgenden sollen deshalb die einzelnen Branchen Deutschlands vorgestellt werden. Dies ist die Grundlage für die Beantwortung der in Kap. 6 zu stellenden Frage, welche Branchen zu priorisieren sind.

4.1.1 Biomasse produzierende Branchen

Die größten Biomasse produzierenden Branchen sind in Deutschland und weltweit die Land- und Forstwirtschaft. Weiterhin produzieren die Branchen Biomasse, die biotechnologische Anlagen für Biotreibstoffe, Chemikalien und Pharmaprodukte betreiben, denn in Fermentationsverfahren fällt mikrobielle Biomasse als Beiprodukt an. Auch die Abfallwirtschaft stellt Biomasse in Form von Klärschlamm aus Kläranlagen und von Gärresten aus der Biogasfermentation her.

Landwirtschaft
In Deutschland werden die landwirtschaftlichen Flächen ganz überwiegend für die Ernährung genutzt (82 %). Davon dienen drei Viertel einschließlich der Weideflächen der Herstellung von Futtermitteln. Auch die Betrachtung der weltweiten Landwirtschaft ergibt ein ähnliches Bild. 89 % der globalen landwirtschaftlichen Flächen dienen der Ernährung, davon 80 % der Tierernährung. In Deutschland werden auf 16 % der Felder industrielle Rohstoffe angebaut, wobei nur ein ganz kleiner Teil stofflich verwertet wird. 88 % gehen in die Produktion von Bioenergie, vorwiegend in Biogas [7] (Abb. 4.3). Dass

4 Der Stand der Bioökonomie in Deutschland

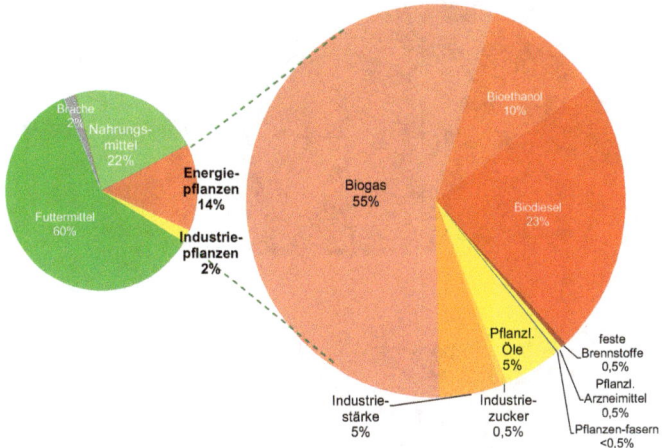

Abb. 4.3 Flächennutzung in Deutschland (16,7 Mio. ha landwirtschaftliche Nutzfläche (2017); davon 2,4 Mio. ha für die Herstellung pflanzlicher Rohstoffe für die Industrie (Deutschland; 2016)

der größte Anteil der Flächen für die Tierzucht genutzt wird und in dem noch relativ kleinen Flächenanteil für industrielle Rohstoffe die Energieerzeugung bei Weitem überwiegt, ist für die Entwicklung der Bioökonomie problematisch und wird in Kap. 6 noch zu besprechen sein [8, 9].

Forstwirtschaft
Wald ist ebenfalls eine bedeutende Biomassequelle. Tatsächlich verfügt Deutschland in Europa über die größten Waldflächen und Holzressourcen. Wie in der Landwirtschaft geht der Löwenanteil in den Energiesektor (Abb. 4.4).

Abfallwirtschaft
Gärreste und Klärschlamm werden nach Möglichkeit als Dünger auf landwirtschaftlichen Flächen ausgebracht. Ein

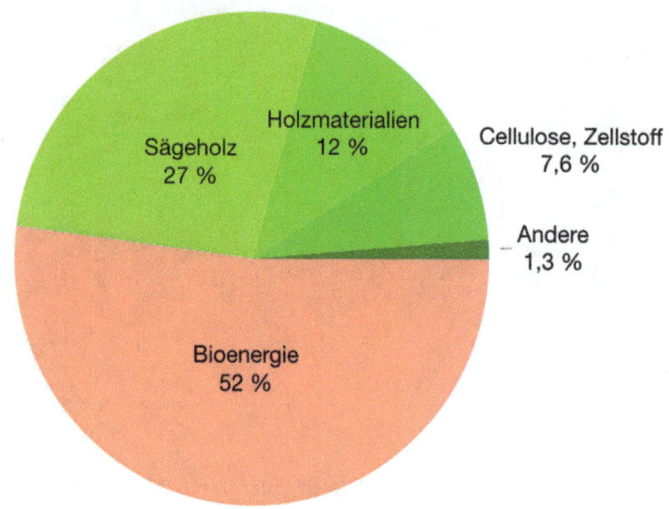

Abb. 4.4 Verwendung von Holz in Deutschland (131,4 Mio. Kubikmeter; 2015) [8]

zunehmender Teil wird aber wegen herabgesetzter Grenzwerte für Verunreinigungen energetisch verwertet, d. h. verbrannt.

4.1.2 Biomasse verarbeitende Branchen

Nahrungsmittelindustrie
Der Ernährungssektor verarbeitet Getreide, Gemüse, Milch und Fleisch zu Nahrungsmitteln wie Brot und Bier, Sauerkraut, Joghurt und Wurst. An der Herstellung dieser und vieler weiterer Produkte sind Mikroorganismen beteiligt. Hefen treiben den Brotteig und machen Gerstensaft zu Bier. Sauerkraut und Joghurt sind das Ergebnis der Umsetzung mit Milchsäurebakterien, und auch an der

4 Der Stand der Bioökonomie in Deutschland

Herstellung von Wurst sind Mikroorganismen beteiligt. Diese Verfahren haben bereits unsere prähistorischen Vorfahren angewendet, und sie sind nach wie vor aktuell. Zur Qualität vieler Lebensmittel tragen inzwischen aber auch Zutaten bei, die der modernen Bioökonomie entstammen. Beispiele sind die fermentative Produktion von Milchsäure (Konservierungsmittel) und Vitamin C (Ascorbinsäure) oder der Süßstoff Aspartam. Auch Enzyme für die Reifung von Käse sind Beispiele für moderne mikrobielle Produkte. Sie alle werden fermentativ auf Basis von Zucker hergestellt (s. Anmerkung A.8 im Anhang).

Die wirtschaftlich bedeutendsten Sektoren der Ernährungsindustrie sind Tierzucht und Fleischverarbeitung; ihr Anteil am Umsatz beträgt zusammen 46 %. Fleischwarenhersteller bieten inzwischen auch pflanzliche Alternativen zu Fleisch an, die der modernen Bioökonomie zuzuordnen sind. Diese Produkte ahmen Fleisch nach, indem pflanzliche Rohstoffe so bearbeitet werden, dass sie eine fleischähnliche Konsistenz und einen entsprechenden Geschmack erhalten. Ein Beispiel bietet das kalifornische Start-up Impossible Foods, das ein pflanzliches Hämoglobin verwendet, um seiner pflanzlichen Fleischalternative den Fleischgeschmack zu geben. Das Hämoglobin wird mithilfe von gentechnisch veränderten Hefezellen fermentativ auf Basis von Zucker erzeugt; das Verfahren wurde 2018 von der amerikanischen Gesundheitsbehörde FDA für sicher erklärt. Das Unternehmen hat das anspruchsvolle Ziel ausgegeben, den Verzehr von tierischem Fleisch bis 2035 zu beenden. Ob das so kommt, wird man sehen. Immerhin schätzen die Investoren den Geschäftsplan und bewerten Impossible Foods mit 2 Mrd. Dollar [10].

Bauwirtschaft
Unter biobasierten Produkten in der Bauindustrie haben Konstruktionsholz und biobasierte Dämmstoffe große Bedeutung. Tatsächlich wächst in Deutschland der Anteil an Häusern mit hohem Holzbauanteil; er hat 2017 immerhin 17,6 % aller erteilten Baugenehmigungen [11] erreicht. Allerdings beschränkt er sich in Deutschland auf Niedrigbauten wie Wohngebäude, Kindergärten und Schulen. Erst dank modifizierter Bauvorschriften werden in anderen Ländern inzwischen auch Hochhäuser komplett aus Holz gebaut. Das mit 85 Metern höchste Holzhaus der Welt wurde 2019 in Norwegen eingeweiht [12]. Noch ungewöhnlich ist es, Zement [13] durch biobasierte Materialien zu ersetzen. In bestimmten Anwendungen wie der Reparatur von Betonrissen beispielsweise in Brücken oder im Deichbau kann Zement durch biologische Verkieselung ersetzt werden [14]. Auch im Straßenbau sind biologische Materialien einsetzbar. So kann der Straßenbelag von Erdpisten mithilfe von Mikroorganismen oder Enzymen befestigt werden; sie „verkleben" die Partikel des Baumaterials dauerhaft [15]. Eine Alternative zu Bitumen, dem Bindemittel in Asphalt, bietet Lignin, ein Bestandteil von Holz. In den Niederlanden wird derzeit ein für den Schwerlastverkehr geeigneter Straßenbelag auf Basis von Lignin im Alltag getestet. Der Versuch verläuft bisher sehr vielversprechend [16]. Diese Beispiele zeigen, dass biobasierte Materialien auch in der Bauindustrie zunehmend Potenzial haben und Akzeptanz gewinnen.

Papierindustrie
Die Papierindustrie ist ein klassischer und bedeutender Sektor der Bioökonomie. Papier wird aus Holz hergestellt, und mit seinen Holzressourcen ist unser Land ein bedeutender Standort für die Papierindustrie. Für die moderne Bioökonomie ist

dieser Wirtschaftszweig insofern bedeutsam, als er über die Infrastruktur, die Anlagen und die Erfahrung verfügt, sehr große Mengen Holz zu verarbeiten. Ein in großem Maßstab anfallendes Nebenprodukt der Papierherstellung ist der Holzbestandteil Lignin, der heute überwiegend energetisch verwertet wird, zukünftig aber auch eine Option für die Herstellung großvolumiger Chemieprodukte bietet [17]. Darüber hinaus bereiten sich Papierkonzerne darauf vor, ihre Kompetenz in der Holzverarbeitung auch für die Herstellung von Chemieprodukten zu nutzen, und tätigen dafür Investitionen auch in Deutschland. So hat der finnische Papierhersteller UPM, einer der größten weltweit, angekündigt, in Deutschland eine Bioraffinerie mit einer Kapazität von 150.000 t zu bauen, die Bio-Monoethylenglykol (bMEG) als Ausgangsstoff für Textilfasern, Kunststoffflaschen, Verpackungen und Enteisungsmittel und Bio-Monopropylenglykol (bMPG) für Verbundwerkstoffe, pharmazeutische Produkte, Kosmetikartikel und Reinigungsmittel produziert. Immerhin 550 Mio. EUR sollen dort investiert werden [18]. Dies ist ein Beispiel, wie die Bioökonomie dabei ist, ganze Branchen tiefgreifend zu verändern, und neue Versorgungsketten etablieren kann.

4.1.3 Biomasse umwandelnde Branchen

Chemie- und Pharmawirtschaft
Die Chemieindustrie hat für die Bioökonomie eine ganz besondere Bedeutung, denn sie strahlt in praktisch alle anderen Branchen aus. 80 % ihrer 30.000 Produkte [19] gehen in weitere Branchen. Die Chemie liefert Düngemittel, Hilfsstoffe für Produktionsverfahren, Zusatzstoffe für Futter- und Lebensmittel, Vorstufen für Pharmaka, Tenside und Enzyme für Wasch- und Reinigungsmittel, Schmiermittel für den Maschinenbau und nicht zuletzt

Kunststoffe für zahllose Anwendungen, um nur einige Beispiele zu nennen. Manche dieser Chemieprodukte wurden schon immer biobasiert produziert. Für bestimmte Futtermittelzusatzstoffe (Aminosäuren) und Enzyme für Waschmittel ist Zucker der Rohstoff der Wahl, weil diese mikrobiellen Produkte überhaupt nur biotechnologisch verfügbar sind. Pflanzliche Öle sind die Grundlage für biobasierte Schmiermittel. Zwar gibt es auch für sie fossilbasierte Alternativen, aber sie können sich dank ihrer besonderen Qualität durchsetzen. Alle diese Produktbeispiele gehören zur Kategorie der Fein- und Spezialchemie, der Chemikalien zugeordnet werden, die in vergleichsweise kleinen Volumina für ganz bestimmte Funktionen produziert werden. Ein noch kleineres Produktionsvolumen haben biobasierte Wirkstoffe für Arzneimittel. Sie sind so hochgradig funktionalisiert, dass die chemische Synthese sehr aufwendig wäre und die biotechnologische Herstellung deshalb die Methode der Wahl ist. Am Pharmamarkt haben biobasierte Pharmaka einen Anteil von gut einem Viertel (26 %), und in der Entwicklungspipeline beträgt der Anteil biogener Wirkstoffe sogar mehr als die Hälfte. So werden Enzyme für pharmazeutische Anwendungen, Antibiotika, Hormone und Impfstoffe ausschließlich biotechnologisch hergestellt. Abb. 4.5 zeigt die Werthaltigkeit ausgewählter Beispiele der Spezial- und Feinchemie sowie der Pharmazie; sie steigt mit dem Grad der Funktionalisierung der Produkte. Zum Vergleich werden auch die wenig funktionalisierten Produkte Zucker und Bioethanol gezeigt. Zucker ist in der Bioökonomie ein Rohstoff und Ethanol ein Treibstoff bzw. eine Plattformchemikalie, von der Prozessketten zu einer Vielzahl an Produkten ausgehen. Beide erzielen mit diesen einfachen Funktionen erwartungsgemäß nur geringe Marktpreise. Die Bausteine für Eiweiß (Aminosäuren), Enzyme, Spezialpolymere und Vitamine bieten dagegen

4 Der Stand der Bioökonomie in Deutschland

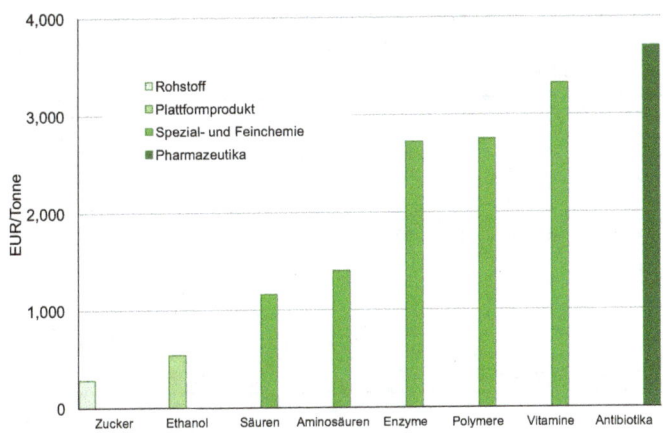

Abb. 4.5 Marktpreise beispielhafter biobasierter chemischer und pharmazeutischer Produkte

eine wertvolle Funktion und erzielen dementsprechend höhere Preise. An der Spitze der Marktbewertung stehen Pharmaka, denn an diese Produkte werden besonders anspruchsvolle Anforderungen gestellt.

Das Produktionsvolumen dieser Beispiele verhält sich allerdings umgekehrt proportional zum Wert. Pharmaka werden im Maßstab von wenigen 1000 t hergestellt, Spezial- und Feinchemikalien erreichen den Bereich einstelliger Millionen Tonnen, und für Plattformchemikalien, die als sogenannte Grundchemie zusammengefasst werden, werden weltweit Kapazitäten im dreistelligen Millionentonnenmaßstab benötigt (Tab. 4.1).

Das Potenzial, in wirklich große Produktionskapazitäten vorzudringen, haben Biopolymere. Sie würden die fossilbasierte Grundchemie, die zu Kunststoffen verarbeitet wird, verdrängen. Manche Biokunststoffe punkten am Markt mit einem reduzierten ökologischen Fußabdruck, zusätzlich oft mit Bioabbaubarkeit oder einer verbesserten Qualität (Kasten 4.1). Mit diesen Eigenschaften haben sie am Markt durchaus Erfolg, aber die

Tab. 4.1 Weltmarktvolumen ausgewählter biobasierter Fein- und Spezialchemie und Pharmazeutika sowie fossilbasierte Plattformchemikalien

Produkte		Markt [1000 t]
Fossilbasierte **Grundchemie**	Ethylen	160.000
	Propylen	90.000
Biobasierte **Fein- und Spezialchemie**	Aminosäuren	9.000
	Säuren	3.500
	Polymere	250
	Vitamine	250
	Enzyme	130
Biopharmazeutika	Antibiotika	250

höheren Kosten verhindern immer noch den Erfolg auf breiter Basis. Insgesamt können Biokunststoffe weltweit erst 0,6 % [20] des weltweiten Kunststoffmarktes von 350 Mio. t bedienen.

Einen ganz neuen interessanten Ansatz hat Covestro unternommen. Dieses Chemieunternehmen vermarktet Sportböden und Matratzen aus einem Polymer, das chemisch auf Basis von Kohlenstoffdioxid hergestellt wird. Noch in der Forschungsphase ist die Strategie von thyssenkrupp, Kohlenstoffdioxid chemisch in Methanol und Düngemittel umzusetzen [21]. Beides sind Produkte, die in sehr großen Volumina hergestellt werden. Heute kommt das Kohlenstoffdioxid, das in diesen Verfahren verwendet wird, aus Anlagen, die fossile Rohstoffe verwenden. Genauso gut kann aber auch Kohlenstoffdioxid aus Anlagen, die biobasiert arbeiten, genutzt werden. Diese Verfahren können also langfristig zu einem *technischen* Kohlenstoffkreislauf erheblich beitragen und so die Rohstoffproduktion der Land- und Forstwirtschaft entlasten (Kasten 4.2).

Insgesamt basiert die deutsche Chemieindustrie nach wie vor überwiegend auf fossilen Rohstoffen (75 % Erdöl, 13 % Kohle, 1 % Erdgas). Nur 13 % der Rohstoffe sind biogenen Ursprungs [22]; ihr Anteil soll in den nächsten 10 Jahren moderat auf 18,5 % steigen [23]. Immerhin liegt die deutsche Chemie damit über dem europäischen Durchschnitt von 10 % biologischer Ausgangsstoffe [24]. Dass der Anteil biobasierter Chemieprodukte in der EU trotzdem nur 4 % (s. Tabelle unter A.9 im Anhang) [25] erreicht, ist nur scheinbar ein Widerspruch; er wird in Kap. 6 aufgelöst werden.

Kasten 4.1 Biokunststoffe

Ein Beispiel ist PLA (Polymilchsäure), das aus Milchsäure hergestellt wird. Milchsäure wird von Milchsäurebakterien, die beispielsweise in Joghurt und Sauerkraut vorkommen, ausgeschieden. Auch die Konservierung von Grünfutter für die Tierernährung und von Energiemais für die Biogasfermentation basiert auf Milchsäurebakterien. Sie sind also traditionell ein Biokatalysator der konventionellen Bioökonomie. Seit einigen Jahren gewinnen diese Mikroorganismen aber auch für die moderne Bioökonomie an Bedeutung, denn die biotechnologisch gewonnenen Milchsäuremoleküle lassen sich chemisch verketten und zu dem Biokunststoff PLA (Polylactid) weiterverarbeiten. Erfolgreiche Produkte sind Verpackungsfolien, Auto- und Elektronikteile sowie Textilfasern. Die technischen Eigenschaften ähneln denen des fossilbasierten Polymers PET (Polyethylenterephthalat), aus dem beispielsweise Getränkeflaschen bestehen. Das biobasierte PLA ist bioabbaubar, kann PET ersetzen und bietet so eine umweltfreundliche Alternative. Einer der größten Hersteller ist der Weltmarktführer von Milchsäure Corbion (Niederlande), der vor einigen Jahren für die Produktion von PLA mit dem französischen Energieriesen Total zusammengegangen ist. Dies ist ein typisches Beispiel für die Veränderung von Unternehmen und Wertschöpfungsketten in der wachsenden Bioökonomie.

Ein anderes Beispiel ist das biobasierte PEF (Polyethylenfuranoat), ein Polymer, das in seinen Eigenschaften nicht nur dem fossilbasierten PET ähnelt, sondern diesem sogar überlegen ist. Unter anderem ist die Gasdichtigkeit dieses Materials besonders hoch. Damit erfüllt es eine für Flaschen für Kohlenstoffdioxidhaltige Getränke wichtige Bedingung. Entwickelt wurde das Material von Avantium, einem niederländischen Unternehmen, das 2005 von Shell gegründet wurde (auch dies ist ein Beispiel, wie traditionell fossilbasierte Unternehmen neue Wege suchen). 2016 bildete Avantium mit der BASF für die Produktion ein Joint Venture, das aber 2019 wieder beendet wurde. Die Gründe für diese Entscheidung wurden nicht veröffentlicht, aber die Annahme, dass es immer noch schwierig ist, ein neues Biopolymer am Markt zu platzieren, ist sicher nicht ganz falsch.

Ein Biopolymer, das nicht im Fermenter, sondern direkt pflanzlich erzeugt wird, ist Kautschuk. Naturkautschuk ist in Hochleistungsreifen unverzichtbar und wird größtenteils von Kautschukbaumplantagen in tropischen Regionen erzeugt. Weil diese durch Pflanzenkrankheiten bedroht sind, wird an Alternativen gearbeitet. In Deutschland verfolgt Continental Löwenzahn als Produktionssystem [26]. Der weiße Saft der Wurzel enthält Kautschuk. Auch solche Produktionssysteme gehören zur Bioökonomie.

Kasten 4.2 Industrieller Verbrauch von Kohlenstoffdioxid

Weltweit werden jährlich rund 230 Mio. t Kohlenstoffdioxid industriell verwertet. Der größte Abnehmer ist die Düngemittelindustrie, wo 130 Mio. t Kohlenstoffdioxid eingesetzt werden, gefolgt von einer Anwendung in der Förderung von Erdöl und Erdgas (70–80 Mio. t). Weitere kommerzielle Anwendungen sind die Lebensmittel- und Getränkeproduktion, die Metallherstellung, die Kühlung, die Brandbekämpfung und die Stimulierung des Pflanzenwachstums in Gewächshäusern [27].

Energiewirtschaft

Heute deckt der Sektor der Bioenergie in Deutschland 7 % des Primärenergieverbrauchs ab. Insgesamt haben erneuerbare Energien 2018 in Deutschland 16,7 %

4 Der Stand der Bioökonomie in Deutschland

des Brutto-Endenergieverbrauchs bedient [28]. Bioenergie trägt dazu zur Hälfte bei [29]. Sie schafft 105.000 Arbeitsplätze [30] und erwirtschaftet einen Umsatz von 10,5 Mrd. EUR [31]. Dass biogene Rohstoffe zu allen erneuerbaren Energieformen, nämlich zu Wärme, Strom und Treibstoffen beitragen, zeigt Abb. 4.6 [32]. In den Bereichen Treibstoffe und Wärme sind die erneuerbaren Energien ganz überwiegend biobasiert, aber auch zu erneuerbarem Strom trägt Bioenergie fast ein Viertel bei.

86 % der erneuerbaren Wärme gehen auf biogene Energiequellen, insbesondere Holz, zurück. Holz wird in Blockheizkraftwerken sowohl für die Produktion von Wärme als auch von Strom verbrannt. Mit biogenen Energiequellen erzeugter Strom macht in Deutschland immerhin 23 % des erneuerbaren Stroms aus. Als Biotreibstoff sind Bioethanol und Biodiesel seit Langem an jeder Tankstelle erhältlich. Ihr Beitrag zur Straßenmobilität

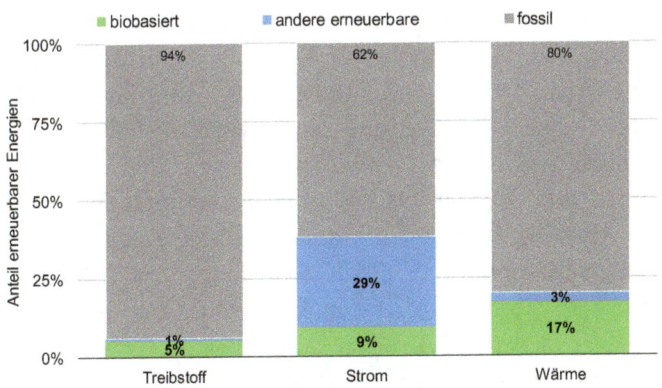

Abb. 4.6 Anteil biogener und anderer erneuerbarer Energien am Endenergieverbrauch in Deutschland (2018)

beträgt 5 % [33]. Weltweit wurden bis heute für Biotreibstoffe beeindruckende Produktionskapazitäten von 95 Mio. t (Bioethanol) bzw. 30 Mio. t (Biodiesel) aufgebaut. Damit reichen sie an die Größenordnung der Grundchemie heran und belegen, dass biobasierte Produktion durchaus im Großmaßstab möglich ist.

Als Rohstoffe werden in Deutschland und weltweit für Bioethanol vorwiegend Zucker und Stärke und für Biodiesel Rapsöl eingesetzt. Seit einigen Jahren wird aber auch das Potenzial von Reststoffen und sogar von kohlenstoffhaltigen Gasen verfolgt. So hat Clariant in Deutschland ein Verfahren zur Herstellung von Bioethanol auf Basis von Stroh entwickelt [34], und in Flandern steht die Nutzung von Kohlenstoffmonoxid aus einem Stahlwerk von ArcelorMittal für die Ethanolfermentation kurz vor der Realisierung der weltweit ersten Produktionsanlage [35]. Die Kapazitäten dieser Anlagen haben zwar erst einen kleinen Anteil am Gesamtmarkt, aber trotzdem zeichnet sich damit auch für den Treibstoffbereich die industrielle Verwendung von Reststoffen ab. Mit der letzten Version der europäischen Erneuerbaren-Energie-Richtlinie [36] ist eine erhebliche Kapazitätsausweitung zu erwarten. Sie schreibt nämlich vor, dass der Anteil von Treibstoffen aus Reststoffen und Abfällen bis 2025 von heute unter 0,2 % auf 1 % und bis 2030 auf mindestens 3,5 % wachsen muss. Binnen 10 Jahren soll die Kapazität also um Faktor 17 gesteigert werden. Mit der Erfahrung, die in diesen Anlagen in der industriellen Praxis gesammelt wird, geht erfahrungsgemäß eine Kostenoptimierung einher, die auch der Produktion von Chemieprodukten aus solchen Ausgangsstoffen zugute kommen wird.

Abfallwirtschaft

Die Abfallwirtschaft wird üblicherweise nicht angesprochen, wenn es um die Bioökonomie geht. Die Bioökonomie wird aber ökonomisch und ökologisch nur erfolgreich sein, wenn sie sich als Kreislaufwirtschaft etabliert, und so gesehen ist die Abfallwirtschaft der Sektor, der den Kreislauf schließt.

Insgesamt fallen in Deutschland 150 Mio. t biogene Rest- und Abfallstoffe an (Abb. 4.7) [37]. Davon werden immerhin 68 Mio. t stofflich und energetisch verwertet, und weitere 30 Mio. t werden als potenziell nutzbar eingeschätzt. Der Rest gilt als für jede Nutzung ungeeignet.

Soweit die hoffentlich nicht zu trocken geratene Bestandsaufnahme der deutschen Bioökonomie. Ich werde in Kap. 6, wo es darum geht, wie die Bioökonomie weiterentwickelt werden kann, darauf zurückkommen. Doch im nächsten Kapitel werden zunächst die Hürden und Zielkonflikte debattiert, die im Interesse einer nachhaltigen Bioökonomie zu berücksichtigen sind.

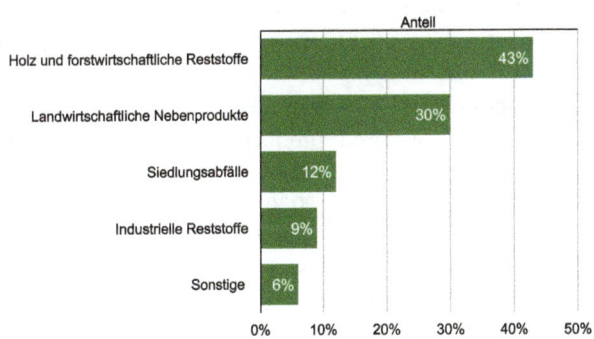

Abb. 4.7 Verteilung von biogenen Rest- und Abfallstoffen in Deutschland

Literatur

1. Statista (2019) Statistiken zum Bruttoinlandsprodukt (BIP) und Wirtschaftswachstum. https://de.statista.com/themen/26/bip/. Zugegriffen 2. Jan. 2020
2. Statistisches Bundesamt (2019) Bauhauptgewerbe/Ausbaugewerbe. https://www.destatis.de/DE/Themen/Branchen-Unternehmen/Bauen/Publikationen/Downloads-Baugewerbe-Konkunktur/lange-reihen-baugewerbe-ausbaugewerbe-pdf-5441001.pdf?__blob=publicationFile. Zugegriffen: 2. Jan. 2020
3. FNR (2019) Umsatz in der biobasierten Bioökonomie in Deutschland 2015. https://mediathek.fnr.de/grafiken/daten-und-fakten/biobasierte-produkte/umsatz-in-der-biobasierten-biooekonomie.html. Zugegriffen: 2. Jan. 2020
4. Statista (2019) Umsatz der Ernährungsindustrie in Deutschland in den Jahren 2008 bis 2018. https://de.statista.com/statistik/daten/studie/75611/umfrage/umsatz-der-deutschen-ernaehrungsindustrie-seit-2008/. Zugegriffen: 2. Jan. 2020
5. https://ec.europa.eu/knowledge4policy/bioeconomy/topic/economy_en. Zugegriffen: 2. Jan. 2020
6. Nova-Institut (2019) Europäische Bioökonomie in Zahlen. https://biooekonomie.de/nova-institut-2019-europaeische-biooekonomie-zahlen. Zugegriffen: 2. Jan. 2020
7. FNR (2019) Biobased products facts and figures 2019. https://mediathek.fnr.de/basic-data-biobased-products.html. Zugegriffen: 2. Jan. 2020
8. FNR (2019) Flächennutzung in Deutschland. https://mediathek.fnr.de/flachennutzung-in-deutschland.html. Zugegriffen 2. Jan. 2020
9. UBA (undatiert) Globale Landflächen und Biomasse. https://www.umweltbundesamt.de/sites/default/files/medien/479/publikationen/globale_landflaechen_biomasse_bf_klein.pdf. Zugegriffen: 2. Jan. 2020
10. Lindner R (2020) Kein Tierfleisch mehr bis 2035. FAZ 8:21

11. Holz kann! (2019) Bauen mit Holz – außergewöhnlich schön, aber nicht selten. https://www.holz-kann.de/bauen-mit-holz-aussergewoehnlich-schoen-aber-nicht-selten/. Zugegriffen: 2. Jan. 2020
12. Dozen (2019) mjostarne worlds tallest timber tower voll arkitekter norway. https://www.dezeen.com/2019/03/19/mjostarne-worlds-tallest-timber-tower-voll-arkitekter-norway/. Zugegriffen: 11. Jan. 2020
13. Basilisk (2019) Basilisk self-healing concrete. http://www.basiliskconcrete.com/?Lang=en. Zugegriffen 11. Jan. 2020
14. BioCement (2016) What is bio cement. http://www.biocementtech.com/solutions/#what-is-biocement
15. Torgal P et al (Hrsg) (2015) Biotechnologies and biomimetics for civil engineering. Springer, Berlin
16. Bio-based News (2015) Asphalt aus Holz: Niederlande testen Biostraßenbelag. http://news.bio-based.eu/asphalt-aus-holz-niederlande-testen-biostrassenbelag/?__cf_chl_jschl_tk__=5bacf40d3b8d451d0efae268f94962a49093d7a0-1578753923-0-ATNZvok_V6q-OK2Xc-cEgryECzAVO5aRizNB6slt3zeCbCmTgbVYfBUA9IuFhEYUnR3Gvbwbs04DMf21kPlwz_PIb_wZvPZo4opoH76O6D1D1EkbeJnnkEgd7Y_BAscY6qji5Fpj0wlaVa7rTOdJdEWXfHT9AUgfFZDdJBAWKcO7bTcpxxpSAYeznlT9LBAN_gEL7GqgL__5oZHnwYNyjt8eF_0fII4QKg6JMqi51y_FK4s-GFLnJQgDsZNIh3wbg-MOBUfi2wtNHS0bCNStJNDtmyxRgTJbphyvDNGO9LmgwKi37LH7JK2UtBMVlr78hsIqtqtDUB0xLCglO7pP0Q. Zugegriffen: 11. Jan. 2020
17. Rinaldo R (2016) Wege zur Verwertung von Lignin: Fortschritte in der Biotechnik, der Bioraffination und der Katalyse. Angewandte Chemie. 128:2–61. DOI https://doi.org/10.1002/ange.201510351. Zugegriffen: 8. Jan. 2020
18. UPM (2020) UPM investiert in Biochemikalienproduktion der Zukunft am Standort Leuna. https://www.upm.com/de/uber-UPM/for-media/releases/2020/01/upm-investiert-in-biochemikalienproduktion-der-zukunft-am-standort-leuna/. Zugegriffen: 11. Jan. 2020

19. BÖR (2015) The German Chemical Industry – Competitiveness and bioeconomy. https://biooekonomierat.de/en/publications/?tx_rsmpublications_pi1%5Bpublication%5D=85&tx_rsmpublications_pi1%5Baction%5D=show&tx_rsmpublications_pi1%5Bcontroller%5D=Publication&cHash=be9b6b6b8c9d60cf39178e4e2e8cef24. Zugegriffen: 16. Jan. 2020
20. European bioplastics (2019) Global production capacities of bioplastics 2019. https://www.european-bioplastics.org/bioplastics/materials/. Zugegriffen: 11. Jan. 2002
21. Thyssenkrupp (2019) Carbon2Chem: Aus Emissionen werden Wertstoffe. Wie man aus Hüttengasen Chemikalien macht. https://www.thyssenkrupp.com/de/unternehmen/innovation/technologien-fuer-die-energiewende/carbon2chem.html. Zugegriffen: 2. Jan. 2020
22. VCI (2019) Auf einen Blick – Umwelt, Gesundheit, Sicherheit – Daten der chemischen Industrie 2019. https://www.vci.de/vci/downloads-vci/publikation/umwelt-gesundheit-sicherheit-auf-einen-blick.pdf. Zugegriffen: 2. Jan. 2020
23. VCI (2017) Die deutsche chemische Industrie 2030 – Update 2015/2016 mit Alternativszenarien. https://www.vci.de/services/publikationen/broschueren-faltblaetter/vci-prognos-studie-die-deutsche-chemische-industrie-2030-update-2015-2016.jsp. Zugegriffen: 2. Jan. 2020
24. Arns D (2018) Chemical raw materials in Europe –trends & challenges. Petrochemicals Europe. https://www.google.com/search?client=safari&rls=en&q=Dorothea+Arns,+Petrochemicals+Europe+(2018)+++Chemical+raw+materials+in+Europe+%E2%80%93Trends+%26+Challenges&ie=UTF-8&oe=UTF-8. Zugegriffen: 2. Jan. 2020
25. E4tech, Nova-institute, BTG, Dechema (2019) Roadmap for the chemical industry in Europe towards a bioeconomy. https://www.roadtobio.eu/uploads/publications/roadmap/RoadToBio_strategy_document.pdf. Zugegriffen: 2. Jan. 2020
26. Agrarheute (2018) Reifen aus Löwenzahn: Neues Labor eröffnet. https://www.agrarheute.com/technik/traktoren/reifen-continental-loewenzahn-550458. Zugegriffen: 17. Jan. 2020

27. IEA (2020) CO2 is a valuable commodity. https://www.iea.org/reports/putting-co2-to-use. Zugegriffen: 11. Jan. 2020
28. BMWi (2019) Erneuerbare Energien in Zahlen – Nationale und internationale Entwicklung im Jahr 2018. https://www.bmwi.de/Redaktion/DE/Publikationen/Energie/erneuerbare-energien-in-zahlen-2018.pdf?__blob=publicationFile&v=16. Zugegriffen: 2. Jan. 2020
29. AEE (2019) Bundesländer-Übersicht zu Erneuerbaren Energien. https://www.foederal-erneuerbar.de/uebersicht/bundeslaender/BW|BY|B|BB|HB|HH|HE|MV|NI|NRW|RLP|SL|SN|ST|SH|TH|D/kategorie/energiemix/auswahl/289-anteil_erneuerbarer_/#goto_289. Zugegriffen: 8. Jan. 2020
30. Bioenergie (undatiert) Bioenergie in Zahlen. https://www.bioenergie.de. Zugegriffen: 2. Jan. 2020
31. FNR (2018) Wirtschaftliche Impulse aus dem Betrieb von Erneuerbare Energie Anlagen 2017. https://mediathek.fnr.de/umsatz-mit-bioenergie.html. Zugegriffen: 2. Jan. 2020
32. UBA (2019) Erneuerbare Energien in Zahlen. https://www.umweltbundesamt.de/themen/klima-energie/erneuerbare-energien/erneuerbare-energien-in-zahlen#textpart-1. Zugegriffen: 2. Jan. 2020
33. FNR (2019) Kraftstoffverbrauch in Deutschland. https://mediathek.fnr.de/grafiken/daten-und-fakten/bioenergie/biokraftstoffe/biokraftstoffe-in-deutschland.html. Zugegriffen: 2. Jan. 2020
34. Clariant (2019) sunliquid®. https://www.clariant.com/de/Business-Units/New-Businesses/Biotech-and-Biobased-Chemicals/Sunliquid. Zugegriffen: 11. Jan. 2020
35. ArcelorMittal (2018) ArcelorMittal and LanzaTech break ground on € 150 million project to revolutionise blast furnace carbon emissions capture. https://corporate.arcelormittal.com/news-and-media/news/2018/june/11-06-2018. Zugegriffen: 11. Jan. 2020

36. EC (2019) Renewable Energy – Recast to 2030 (RED II) (RED Part A of Annex IX). https://ec.europa.eu/jrc/en/jec/renewable-energy-recast-2030-red-ii. Zugegriffen 2. Jan. 2020
37. FNR (2015) Biomassepotentiale von Rest- und Abfallstoffen – Status quo in Deutschland. https://mediathek.fnr.de/broschuren/bioenergie/band-36-biomassepotenziale-von-rest-und-abfallstoffen.html. Zugegriffen: 2. Jan. 2020

5
Hürden und Zielkonflikte hemmen die Bioökonomie

> **Zusammenfassung**
>
> Die *moderne* Bioökonomie ist mit den ökonomischen Hürden komplexer Rohstoffe, vielstufiger Wertschöpfungsketten und dezentraler, kleinskaliger Produktionsanlagen konfrontiert. Sie führen zu höheren Produktionskosten, zur Verschiebung von Arbeitsplätzen und für alle Marktteilnehmer einschließlich der Konsumenten zu einem höheren Preisniveau. Um die Nachhaltigkeit der Produktion von Biomasse zu sichern, müssen die planetaren Grenzen und die Kapazität der Ökosystemleistungen beachtet werden. Zielkonflikte sind zwischen der Produktion von Biomasse für die Ernährung bzw. zu industriellen Zwecken sowie landwirtschaftlich bedingten Treibhausgasen und dem Klimaschutz absehbar.

In diesem Kapitel wird die Problematik der ökologischen, der ökonomischen und der sozialen Auswirkungen angesprochen. Die moderne Bioökonomie bietet nämlich große Chancen, muss sich aber auch mit Zielkonflikten auseinandersetzen, Risiken meiden und

Hürden überwinden. In der öffentlichen Diskussion steht der Tank-Teller-Konflikt, d. h. die Sicherung der Ernährung im Wettbewerb mit der Produktion von Biomasse, im Vordergrund. Auch die Risiken für die Biodiversität werden zunehmend kritisch thematisiert. Dies sind aber nur Teilaspekte der ökologischen Auswirkungen, die heute schon bis an die Grenzen der Belastbarkeit der Ökosysteme gehen. Während die Themen der Ernährung und des Umweltschutzes im Vordergrund stehen, werden die tiefgreifenden ökonomischen Veränderungen, die mit der Bioökonomie verbunden sind, häufig übersehen. Produktionskosten werden absehbar steigen, und die Wirtschaftsstruktur wird sich in vielerlei Hinsicht verändern und damit von Unternehmen und Beschäftigten Anpassungen verlangen. Zwischen Biomasse *produzierenden* und *verbrauchenden* Regionen werden sich neue Versorgungsketten ausbilden, und für die Verarbeitung sind andere Wertschöpfungsketten und Partnerschaften als heute absehbar. Das gilt nicht nur für die technischen Produktionsschritte. Auch Produktionsstandorte werden sich den veränderten Bedingungen stellen müssen. Beeinflusst werden auch Arbeitsplätze und die Anforderungen an die Beschäftigten.

5.1 Ökonomische Hürden

5.1.1 Wertschöpfungsketten der Bioökonomie

An der Entstehung von Produkten vom Rohstoff über Zwischenprodukte bis hin zum Endprodukt sind fast immer mehrere Unternehmen beteiligt. Dabei führt jede Verarbeitungsstufe zu einer Wertschöpfung. Diese Abfolge wird als Wertschöpfungskette bezeichnet. Je länger und komplexer sie ist, desto mehr wertschöpfende Schritte sind beteiligt, und desto höher sind die Produktionskosten des Endprodukts. Im Wettbewerb haben kurze Wertschöpfungsketten deshalb Vorteile.

Wie die Bioökonomie hier dasteht, soll im Folgenden am Beispiel von Bioethylen (Kasten 5.1) auf Basis von Zucker dargestellt werden. Im Prinzip wird Bioethylen in nur drei Schritten hergestellt: Zucker wird produziert und zu Ethanol fermentiert, das anschließend chemisch in Ethylen umgewandelt wird. Rein technisch ist das also ein einfacher Prozess. Aber ist dieses Bioethylen auch mit fossilbasiertem Ethylen wettbewerbsfähig? Wie sieht die Wertschöpfungskette zu Bioethylen aus? Und was unterscheidet sie von ihrem fossilbasierten Pedant?

Kasten 5.1

Ethylen ist die volumenmäßig bedeutendste Grundchemikalie. 75 % der Produktion von jährlich weltweit 150 Mio. t dienen der Herstellung von Kunststoffen. Ethylen wird fast ausschließlich fossilbasiert produziert. Bioethylen wird seit 2010 von dem brasilianischen Chemieunternehmen Braskem auf Basis von Zucker (Zuckerrohr) angeboten; die Kapazität beträgt aber nur 200.000 t. Es besteht also für Bioethylen oder alternative Produkte ein enormes Wachstumspotenzial [1].

Wertschöpfungskette zu Zucker

Als erster Schritt soll die Herstellung des Zuckers aus Zuckerrüben betrachtet werden. Von der Saatgutindustrie kauft der Landwirt Zuckerrübensamen und bringt sie auf dem Feld aus. Bei der Ernte werden die Blätter abgetrennt und als Tierfutter vermarktet; die Zuckerrüben gehen in die Zuckerfabrik. Dort werden die Rüben geschnetzelt, und aus den Rübenschnitzeln wird der Zucker extrahiert;

die ausgelaugten Rübenschnitzel werden ebenfalls als Tierfutter verwertet. Das Rübenwasser wird geklärt und das dabei entstehende Klärgas energetisch verwertet (Klärgas hat eine ähnliche Zusammensetzung wie Biogas und enthält Methan). Der Gärrest der Biogasfermentation wird idealerweise als Dünger auf Feldern ausgebracht. Wenn Ihnen, liebe Leserinnen und Leser, diese Aufzählung zu kleinteilig erscheint, dann war es meine Absicht, genau diesen Eindruck zu erzeugen. Bis zum Zucker sind es viele kleine Schritte, die noch dazu jeweils unterschiedliche Materialien hervorbringen. Allein in der Wertschöpfungskette bis zum Zucker sind also fünf Branchen involviert: Saatgutindustrie, Landwirtschaft, Zuckerindustrie, Futtermittelindustrie und Energiewirtschaft (Abb. 5.1). Dabei ist Zucker noch die Kohlenstoffquelle mit der kürzesten Wertschöpfungskette. Wenn Stärke oder holzartige Biomassen verwendet werden, kommt die enzymatische Verzuckerung hinzu und bindet weitere Industrien ein (s. A.10 im Anhang).

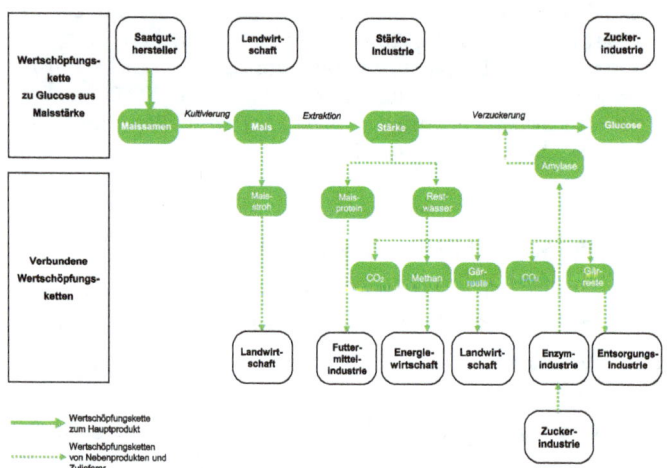

Abb. 5.1 Wertschöpfungskette zu Zucker, Bioethanol und Bioethylen

Auf dem Weg zu Bioethanol wird der Zucker anschließend von der Fermentationsindustrie zu Ethanol umgewandelt. Dabei sind als Nebenprodukte Gärreste und Kohlenstoffdioxid aus der Fermentation unvermeidbar. Die Gärreste können in die Futtermittelindustrie abgegeben werden. Das Bioethanol geht in die Chemieindustrie, die Ethanol in einem Schritt in Ethylen umwandelt (Abb. 5.1). Insgesamt sind also acht Branchen an der Herstellung von Bioethylen beteiligt; fünf direkt und drei weitere indirekt, weil die anfallenden Nebenprodukte ebenfalls bearbeitet werden müssen. Um die Darstellung nicht noch weiter zu verkomplizieren, lasse ich den Energieverbrauch auf den verschiedenen Stufen außen vor. Wie sich die Kosten und Erträge über diese Wertschöpfungskette entwickeln, wird im Anhang (A.11) beschrieben.

Schauen wir uns jetzt die Wertschöpfungskette zu fossilbasiertem Ethylen an. Rohöl wird gefördert und geht in eine Ölraffinerie. Dort wird es im Prinzip erhitzt, sodass leichte Fraktionen ausgasen (beispielsweise Propangas) und flüssige Fraktionen abgetrennt werden können, darunter Benzin. Der Rest wird durch chemische Katalyse zu einem ganzen Spektrum an chemischen Verbindungen aufgespalten, die sämtlich vollständig in der Chemieindustrie verwertet werden, darunter auch Ethylen. Eine Ölraffinerie arbeitet deshalb im Prinzip ohne Nebenprodukte, die eigene Verarbeitungsketten erfordern. An der Wertschöpfungskette zu Ethylen sind also nur zwei Branchen, die Ölförderung und die Ölraffinierung, beteiligt, die noch dazu meist in der Hand nur eines Ölkonzerns liegen (Abb. 5.2). Dass diese Kette viel einfacher als die zu Bioethylen ist und deshalb kostengünstiger arbeiten kann, ist, glaube ich, offensichtlich. Schon allein deshalb ist die wettbewerbliche Ausgangsposition von Bioethylen und vielen anderen Chemieprodukten schwierig.

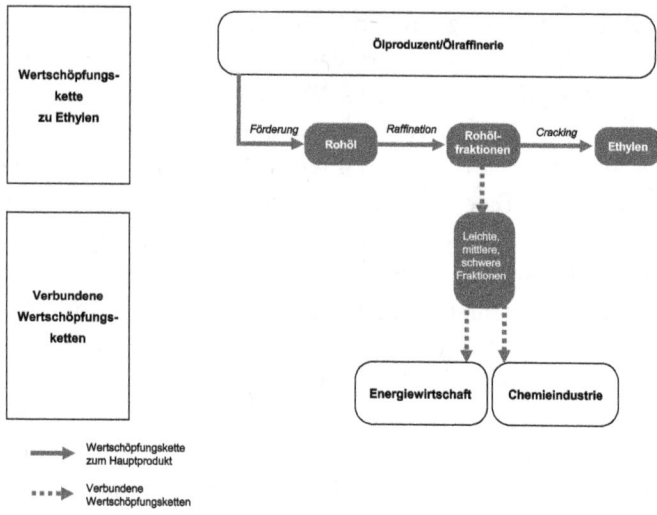

Abb. 5.2 Wertschöpfungskette zu Ethylen

5.1.2 Skaleneffekte

Ölraffinerien können einen weiteren wirtschaftlichen Vorteil ausspielen, den Skaleneffekt, denn sie sind sehr groß. Große Industrieanlagen sparen Fläche, Investitionskosten und lassen sich mit vergleichsweise wenig Personal betreiben. Deutschland verfügt über 12 Ölraffinerien. Die größte ist die Rheinland-Raffinerie von Shell in Wesseling; sie kann jährlich 16 Mio. t Öl verarbeiten, die rund 14 Mio. t Kohlenstoff enthalten. Das entspricht in etwa dem Kohlenstoffgehalt von mehr als sieben deutschen Zuckerernten! (In der Kampagne 2019/2020 wurden in Deutschland 4,3 Mio. t Zucker produziert; sie enthalten zu 44 % Kohlenstoff, d. h. 1,9 Mio. t [2].) Über die Nord-West-Ölleitung von Wilhelmshaven nach Wesseling ist die Raffinerie an die weltweite Ölinfrastruktur angeschlossen. In Wilhelmshaven landen Überseetanker an, die mehr als 400.000 t Rohöl laden können; d. h., rund drei Tanker pro Monat reichen theoretisch aus, um die Raffinerie rund ums Jahr zu versorgen. Nur dieses eine Beispiel macht schon deutlich, dass die Infrastruktur und die Verarbeitungskapazitäten der Ölindustrie sehr, sehr groß und sehr effizient sind.

Zuckerfabriken und Fermentationsanlagen für Ethanol sind dagegen sehr viel kleiner dimensioniert. Als sehr groß gilt die Zuckerfabrik von Nordzucker in Uelzen, die jährlich aus 2 Mio. t Rüben 300.000 t Zucker extrahieren kann. Bezogen auf den darin enthaltenen Kohlenstoff von rund 130.000 t entspricht das weniger als 1 % der Kapazität von Ölraffinerien. Beliefert werden Zuckerfabriken aus einem Umkreis von bis zu 50 km per Lkw. Insgesamt arbeiten in Deutschland 20 Zuckerfabriken.

Ebenfalls als sehr groß gilt die Bioethanolanlage von CropEnergies in Zeitz. Dort können jährlich 300.000 Tonnen Bioethanol fermentiert werden. Sie enthalten 160.000 Tonnen Kohlenstoff. Diese Vergleiche sind natürlich stark vereinfachend, machen aber doch deutlich, dass Anlagen zur Verarbeitung von Biokohlenstoff, sogenannte Bioraffinerien, vergleichsweise klein dimensioniert sind und ein entsprechend kleines Einzugsgebiet haben. Bezüglich des Skaleneffekts können sie bei Weitem nicht mit Ölraffinerien mithalten. Solange die auf Zucker und anderen biogenen Kohlenstoffquellen basierenden Wertschöpfungsketten mit Ölraffinerien direkt konkurrieren müssen, ist das ein schwerwiegender Wettbewerbsnachteil.

5.1.3 Kohlenstoffausbeute

Schauen wir uns jetzt einen weiteren wichtigen Parameter der Rohstoffverarbeitung an, nämlich die Kohlenstoffausbeute. Bereits in Kap. 3 und auch in diesem Abschnitt wurde in der Diskussion der Wertschöpfungsketten erwähnt, dass bei der Verarbeitung von Biomasse immer Nebenprodukte entstehen. Es wurde aber noch nicht analysiert, wie groß deren Anteil ist. Das ist sowohl wirtschaftlich als auch ökologisch relevant, denn je höher die Rohstoffausbeute ist, desto geringer ist die benötigte Anlagenkapazität, desto günstiger sind die Verarbeitungskosten und desto weniger landwirtschaftliche Fläche muss für die Herstellung des Rohstoffs kultiviert werden.

Auch hier müssen wir wieder mit der Zuckerrübe anfangen. Eine durchschnittliche Rübe, die der Landwirt direkt nach der Ernte in die Zuckerraffinerie bringt, enthält zu rund 20 % Zucker, zu 5 % Rübenschnitzel (die Blätter sind hier nicht berücksichtigt) und zu 75 % Wasser. Die Ausbeute in der Zuckerraffination beträgt also 20 % (200 Kg Zucker pro Tonne Zuckerrüben). Dieser Zucker wird nun für die fermentative Herstellung von Bioethanol Hefezellen angeboten. Die Hefezellen nutzen den Zucker, um sich zu vermehren, die Energie für ihren eigenen Stoffwechsel zu gewinnen und um Ethanol zu produzieren. Der Zucker kann also nicht vollständig, sondern nur zu einem Teil in Ethanol übergeführt werden. Theoretisch liegt die Zuckerausbeute für Bioethanol bei maximal 51 %, d. h., aus 200 Kg Zucker werden theoretisch maximal 102 Kg Bioethanol gewonnen. Der Rest, 98 Kg, ist überwiegend Kohlenstoffdioxid und etwas Hefebiomasse. Bezogen auf die ursprünglich geerntete Zuckerrübe beträgt die Ausbeute 10 %, denn für eine Tonne Bioethanol müssen zwei Tonnen Zucker bzw. zehn Tonnen Zuckerrüben verarbeitet werden (s. auch A.12 im Anhang). Bis auf wenige Ausnahmen, die sogar Kohlenstoffdioxid binden (s. A.13 im Anhang), führen biotechnologische Verfahren zu weiteren Verlusten. Dies erklärt auch den im vorhergehenden Kapitel aufgeworfenen scheinbaren Widerspruch zwischen dem Anteil biobasierter Rohstoffe in der EU von 10 % und dem Anteil daraus resultierender biobasierter Produkte von nur 4 %. Durchschnittlich bestehen industrielle Biorohstoffe (Zucker, Öle) nur zur Hälfte aus Kohlenstoff, und davon geht meist ein Teil in der Verarbeitung verloren. So wird aus einem Rohstoffanteil von 10 % ein Produktanteil von 4 %! (Zum Vergleich: Die Prozessausbeute einer Ölraffinerie beträgt dagegen mehr als 90 %.) Diese schwache Rohstoffausbeute führt natürlich dazu, dass im Vergleich zu fossilbasierten Verfahren ein viel größeres Rohstoffvolumen eingesetzt werden muss. Das hat nicht nur Auswirkungen auf die Anlagen selbst. Auch die Infrastruktur für die Lade- und Entladeeinrichtungen, den Transport und die Speicherung der biogenen Rohstoffe muss sehr viel größer als heute üblich dimensioniert werden.

Wenn Ihnen jetzt vor lauter verschiedenen Zahlen und Stoffen schwindelig wird, dann geht es Ihnen genau so wie den Produktionsplanern in der Industrie, die von Öl auf nachwachsende Rohstoffe umsteigen sollen. Es ist eben nicht so, dass man nur einen Rohstoff austauscht; es ist auch nicht so, dass die Produktion nur etwas teurer wird, sondern es ist so, dass neue Versorgungsketten für Rohstoffe und Verwertungsketten für die vielfältigen Nebenprodukte investiert werden müssen und zu erheblichen Zusatzkosten führen. Technisch ist das alles machbar; die Herausforderung besteht in der wirtschaftlichen Umsetzung in einem Umfeld, in dem fossilbasierte Produkte immer noch den Wettbewerb bestimmen (Kasten 5.2).

Kasten 5.2 Kosten und Erträge in der Produktion von Bioethanol und Bioethylen

Zucker ist in biobasierten Wertschöpfungsketten in gewisser Weise das Äquivalent zu Naphtha bei der Verarbeitung auf fossiler Basis. Ein Vergleich des Preises von Naphtha und Zucker ist nicht einfach, da der Zuckerpreis regional unterschiedlich ist und sich auch der Kohlenstoffgehalt unterscheidet. Wie die folgende Tabelle zeigt, konnte im Januar 2019 Zuckerkohlenstoff nicht mit fossilem Kohlenstoff konkurrieren.

	Marktpreis [EUR pro Tonne]	Kohlenstoffgehalt [%]	Marktpreis von Kohlenstoff [EUR pro Tonne]
Zucker	260–300	43	600–690
Naphtha	430	85	505

In der Ethanolproduktion macht der Rohstoff mehr als 60 % der Produktionskosten aus [3]. Daher hängen die Kosten der Ethanolproduktion sehr stark vom Rohstoff und von der Region ab, wobei Brasilien unangefochtener Kostenführer ist, wie der nachstehenden Tabelle zu entnehmen ist [4]. Brasilien produziert Ethanol besonders energieeffizient, da die Verbrennung der ausgepressten Zuckerrohrstengel (Bagasse) einerseits die Verarbeitungsenergie für die Bioraffinerien von Zuckerrohr liefert und andererseits Einnahmen durch den Verkauf von überschüssigem Strom an die Netzbetreiber generiert.

Rohstoff	Region	Produktionskosten [EUR/l]
Zuckerrohr	Brasilien	0,23–0,28
Stärke, Rübenzucker	Europa, USA	0,38–0,54
Lignocellulose	USA	0,73–0,80
	Europa	0,81–1,07

Bei der Weiterverarbeitung zu Bioethylen machen die Kosten für Ethanol 60–75 % aus [5], was zu 650–1035 EUR pro Tonne Ethylen führt. Diese Kostenspanne liegt an der Schwelle zur Wettbewerbsfähigkeit mit Ethylen auf fossiler Basis (Marktpreis 750 EU pro Tonne im Jahr 2014), und es ist daher nicht überraschend, dass Bioethylen seit einigen Jahren nur in Brasilien produziert wird. Seitdem ist der Preis für Ethylen aber auf 200 EUR pro Tonne abgesackt [6]. Ist es nicht verständlich, dass Unternehmen zögern (müssen), in dieses Geschäft auf biobasierter Basis einzusteigen, solange die Wettbewerbsfähigkeit von Bioethylen dauerhaft gefährdet ist?

5.1.4 Umwandlungsverfahren

Mehrfach wurde erwähnt, dass Verfahren der Biotechnologie zu Nebenprodukten führen und dass dadurch die Kohlenstoffausbeute des Hauptprodukts reduziert wird. Zugleich wurde weiter oben erwähnt, dass chemische Verfahren mit weitaus höheren Ausbeuten arbeiten können. Stellt sich dann nicht die Frage, ob Biomasse nicht besser chemisch verarbeitet werden sollte? Leider steht dem der für Biomasse typische und im Vergleich zu fossilen Rohstoffen sehr hohe Sauerstoffgehalt entgegen (Abb. 5.3). Er macht Biomoleküle zu oxidierten Molekülen, mit denen sich chemische Verfahren schwertun. Meister in der Verarbeitung von Biomasse sind dagegen Mikroorganismen wie Bakterien und einzellige Pilze. Das ist nicht überraschend, denn in der Natur haben diese Organismen im Stoffkreislauf die Funktion übernommen, tote Biomasse abzubauen. Sie sind in der Lage, alle pflanzlichen Komponenten zu verwerten und sowohl als Kohlenstoff-

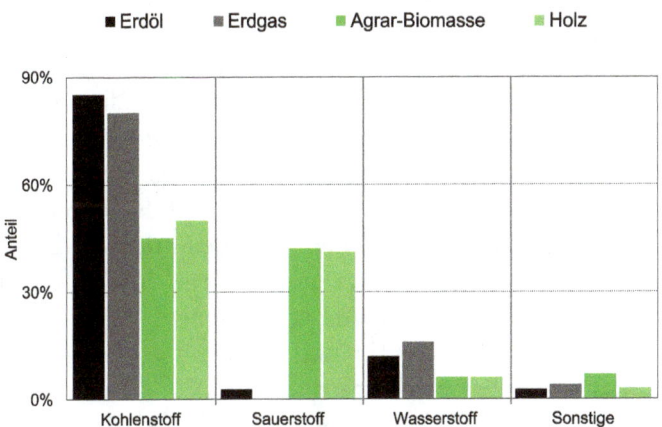

Abb. 5.3 Zusammensetzung fossiler Rohstoffe und von Biomasse

quelle für den Aufbau ihrer eigenen Biomasse wie auch als Energiequelle zu nutzen. Zumindest die ersten Schritte der Biomasseverarbeitung sind deshalb vorwiegend biotechnologische Verfahren.

Der hohe Sauerstoffgehalt ist noch eine weitere Bürde von Biomasse. Sauerstoff ist nämlich schwer. Mit jeder Tonne Biomasse, die transportiert wird, wird also viel schwerer Sauerstoff mitgeschleppt. Er macht den Transport von Biomasse aufwendig und dazu kommt, dass ihn die Industrie für die meisten Produkte gar nicht braucht. Ganz im Gegenteil: Man muss ihn in der Verarbeitung, ganz gleich ob biotechnologisch oder chemisch, unter Verbrauch von Energie loswerden. Der Sauerstoffgehalt stellt in mehrfacher Hinsicht einen grundsätzlichen Unterschied zu fossilen Rohstoffen dar, und zwar mit hohem Einfluss auf die Kosten der Logistik und die Verarbeitung.

5.2 Ökologische Zielkonflikte

5.2.1 Treibhausgase

In der öffentlichen Diskussion werden Treibhausgase üblicherweise als synonym mit Kohlenstoffdioxid aus fossilen Quellen verstanden. Seltener wird auch die Emission von Methan aus der Tierhaltung thematisiert. Gänzlich ausgeblendet wird aber meist die Emission von Treibhausgasen aus dem Boden. Dabei emittiert die Landwirtschaft Treibhausgase in erheblichem Maß (Kasten 5.3). Weltweit liegt ihr Anteil bei einem Viertel aller Emissionen (Abb. 5.4) [7] und ist damit ebenso klimawirksam wie die Energieerzeugung. In Deutschland ist die Situation anders. Wegen unseres vergleichsweise hohen Anteils an Emissionen aus der Industrie beträgt der Anteil

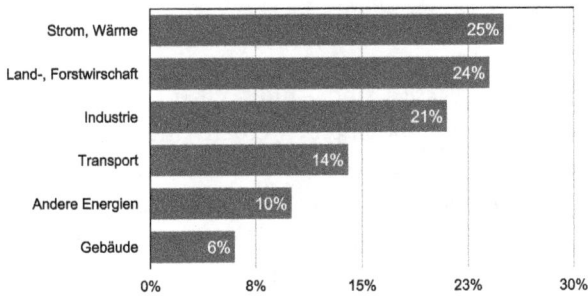

Abb. 5.4 Anteil der Treibhausgasemissionen verschiedener Sektoren

der Landwirtschaft bei uns lediglich 7,3 % [8]. Als eine der wesentlichen Treibhausquellen gilt neben der Tierhaltung die Düngung, und konsequenterweise wird eine verstärkte Hinwendung zur biologischen Landwirtschaft gefordert. Weil diese aber mit durchschnittlich um 20 % reduzierten Erträgen einhergeht [9], zeichnet sich hier ein Zielkonflikt mit der Produktion von Biomasse für industrielle Zwecke ab.

Kasten 5.3 Emission von Treibhausgasen in der Landwirtschaft

In der Landwirtschaft ist die Bearbeitung des Bodens für die Emission von Kohlenstoffdioxid verantwortlich, weil das Pflügen die Mikroorganismen im Boden belüftet und so ihren Stoffwechsel aktiviert. Der mikrobielle Abbau von Stickstoffdüngemittel verursacht die Emission von Lachgas; 80 % der Emission dieses Treibhausgases stammen in Deutschland aus der Landwirtschaft. (In den USA und Kanada wird deshalb empfohlen, auf das Pflügen zu verzichten und Unkraut mit Herbiziden zu unterdrücken.) In der Tierhaltung verursachen unter anderem Wiederkäuer (Rinder, Schafe) die Emission von Methan mit einem Anteil von 59 % (2016) [10].

5.2.2 Planetare Grenzen

Die Treibhausgase sind nur einer von mehreren Indikatoren, die beachtet werden müssen, um den Planeten gesund zu halten. Erstmals wurden im Jahr 2009 die Parameter definiert und quantifiziert, welche die Gesundheit des Ökosystems unseres Planeten bestimmen. Zuletzt wurden diese sogenannten planetaren Grenzen [11, 12] im Jahr 2015 bewertet (Abb. 5.5). Als derzeit ungefährdet wurden nur die Ozonschicht der Atmosphäre und Süßwasser eingestuft. Mit einem Fragezeichen werden der Zustand des Klimas und die Landnutzung versehen. Der natürliche Phosphatkreislauf wird als unsicher eingestuft, und als bereits ernsthaft beschädigt gelten der Stickstoffhaushalt und die Biodiversität. Es sei betont, dass dies keine Warnung der Wissenschaftler für die zukünftige Entwicklung ist, sondern das Ergebnis einer nüchternen Analyse des Zustands unseres Planeten im Jahr 2015. Die Parameter, für welche die Alarmsignale ausgelöst werden, hängen unter anderem mit der Landwirtschaft zusammen. Phosphat und Stickstoff werden mit Dünger und Gülle auf die Agrarflächen ausgebracht und bei Überdosierung

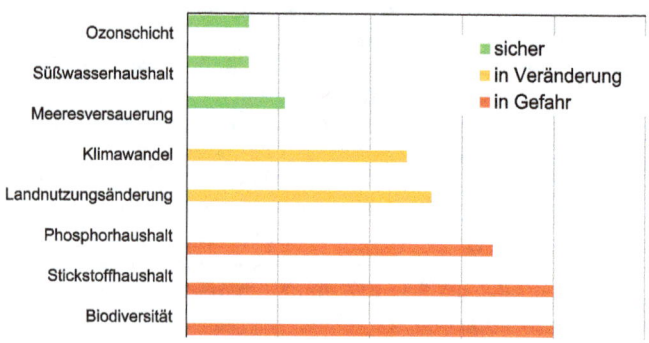

Abb. 5.5 Planetare Grenzen

in Gewässer gespült. Zudem werden die großen Lagerstätten, aus denen Phosphat heute noch kostengünstig gefördert wird, in absehbarer Zeit erschöpft sein. Bei Phosphat geht es also sowohl um den heutigen Umgang als auch um die zukünftige Gewinnung.

Warum die Biodiversität weltweit sowohl auf landwirtschaftlichen Flächen als auch in Naturschutzgebieten abnimmt, ist wissenschaftlich nicht eindeutig geklärt, aber die großflächigen Monokulturen der Intensivlandwirtschaft stehen im Verdacht, dazu beizutragen. Dabei werden die Bedeutung der Biodiversität an sich und die mögliche Wirkung der Bioökonomie auf sie erst langsam erkannt [13]. Die Biodiversität betrifft nämlich die gesamte Biosphäre, d. h. alle Arten der Fauna, der Flora und der mikrobiellen Welt. Erst deren komplexes Zusammenspiel macht das Lebenssystem ausgewogen und stabil. Störungen können dagegen zu massiven Beeinträchtigungen unserer Lebensgrundlagen führen. Wenn beispielsweise die Häufigkeit bestäubender Insekten unter eine bestimmte Grenze sinkt, dann ist auch den zu bestäubenden Pflanzen und in der Folge den von diesen Pflanzen abhängigen Arten die Lebensgrundlage entzogen. Es überrascht deshalb nicht, dass der Status der Biodiversität als fast noch alarmierender eingestuft wird als der Klimawandel. Die biologische Vielfalt zu schützen ist nicht nur ein ethisches Gebot, sondern unbedingt notwendig.

An den Klimawandel passt sich die Natur dagegen an, indem Vegetationszonen mit der Temperaturerhöhung langsam wandern (s. A.14 im Anhang). Länder wie Kanada und Russland gewinnen mit dem Klimawandel sogar neue für die Landwirtschaft geeignete Breitengrade. Auch in Deutschland gehen wir diesen Weg schon seit einigen Jahren mit, indem beispielsweise Städte im Rahmen von Klimaanpassungsmaßnahmen hitzeresistente Straßenbäume pflanzen. Für große Bereiche der Niederlande, Venedigs oder des Mekongdeltas ist das allerdings keine ausreichende Option, denn sie drohen von dem steigenden Meeresspiegel überflutet zu werden.

5.2.3 Ökosystemleistungen

Mit Blick auf die Bioökonomie ist es also unerlässlich, die künftig notwendigerweise wachsende Produktion von Biomasse nachhaltig in die sich verändernden und empfindlichen Ökosysteme zu integrieren. Man kann es auch anders ausdrücken: Wir müssen darauf achten, die Leistungen der Natur, die wir bisher bis an den Rand der Überforderung in Anspruch genommen haben, zu erhalten. Erst seit wenigen Jahren hat sich das Forschungsgebiet der Ökosystemleistungen etabliert (Kasten 5.4) [14]. Es erforscht die Leistungen der Ökosysteme, die wir wirtschaftlich nutzen, aber nicht als wirtschaftlich bewertbaren Beitrag wahrnehmen. Im Allgemeinen werden diese Leistungen einfach als naturgegeben angesehen. Die Insektenbestäubung wurde bereits genannt. Fällt diese Dienstleistung der Natur aus, kommt es zu landwirtschaftlichen Verlusten, oder die Bestäubung muss künstlich erfolgen, was ebenfalls Geld kostet. Analog kann man der natürlichen Bewässerung durch Regen einen wirtschaftlichen Wert zuordnen, indem man die Kosten künstlicher Bewässerung dagegenstellt. Auch die Photosynthese, die uns das Kohlenstoffdioxid der Atmosphäre in Form von Biomasse bindet, wird als wirtschaftliche Leistung des Ökosystems identifiziert. Eine umfassende

Analyse der Ökosystemleistungen ist zu dem eigentlich nicht überraschenden Ergebnis gekommen, dass die Ökosystemleistungen wirtschaftlich das globale Bruttosozialprodukt übersteigen. Es lohnt sich also im wahrsten Sinne des Wortes, die Ökosysteme zu erhalten. Dabei muss uns bewusst sein, dass Fauna und Flora in Deutschland bereits erheblich geschädigt sind (Kasten 5.5) und nicht weiter überfordert werden dürfen.

Kasten 5.4 Ökosystemleistungen

Ökosystemleistungen sind als Vorteil, Nutzen oder Gewinn definiert, den die menschliche Gesellschaft aus Ökosystemen zieht und die maßgeblich das Wohlergehen und die Lebensqualität des Einzelnen mitbestimmen. Dabei werden sowohl materielle wie immaterielle Güter, d. h. sowohl Waren als auch Dienstleistungen im engeren Sinne, berücksichtigt.

Wälder puffern die Niederschläge und regulieren die Wasserverfügbarkeit sowohl lokal als auch regional. Sie regulieren auch das globale Klima durch die Speicherung und Sequestrierung von Treibhausgasen. Die Vegetationsdecke hat eine wichtige regulierende Funktion, indem sie die Bodenerosion verhindert. Funktionierende Ökosysteme versorgen den Boden mit Nährstoffen und erhalten seine Fruchtbarkeit. Die Bestäubung durch Tiere ist eine Ökosystemleistung, die hauptsächlich von Insekten, aber auch von einigen Vögeln und Fledermäusen erbracht wird. 87 der 115 weltweit bedeutendsten Nahrungsmittelpflanzen sind auf die Bestäubung durch Tiere angewiesen [15].

Ökonomisch kann das Ökosystem als eine Dienstleistung verstanden werden. 2011 wurde es mit 125 Billionen USD bewertet. Ökosystemdienstleistungen übersteigen damit das globale Bruttosozialprodukt von 80 Billionen USD (2017) [16].

> **Kasten 5.5 Biodiversität**
>
> „Viele wild lebende Pflanzen- und Tierarten in Deutschland teilen ein Schicksal: Ihre Zahl nimmt ab. Der Feldhamster etwa, früher so häufig, dass er teilweise noch bis 1990 gejagt werden durfte, ist heute vom Aussterben bedroht. Ähnlich ergeht es dem Kiebitz, der 80 % seiner Artgenossen zwischen 1990 und 2013 verloren hat. 41 % der Wildbienenarten, eine der wichtigsten Bestäubergruppen Deutschlands, sind in ihrem Bestand gefährdet. Seit 1980 geht auch der Bestand von etwa der Hälfte der Vogelarten deutlich zurück, die auf landwirtschaftlich genutzten Wiesen, Weiden und Äckern leben. Bei den Vögeln des Grünlands sind sogar fünf von sieben Arten betroffen. Gefährdet ist auch mehr als ein Drittel aller Ackerwildkrautarten, die ihren Lebensraum zwischen Kulturpflanzen wie Getreide und Gemüse haben. Diese Beispiele stehen stellvertretend für viele weitere Arten, die meist still und unbemerkt verschwinden" (gekürzt zitiert aus [17]). Das Artensterben ist an sich kein neues Phänomen, es geschieht auch natürlicherweise. Durch den Einfluss des Menschen hat es sich aber um Faktor 1000 beschleunigt. Heute ist fast kein Ökosystem mehr von menschlicher Nutzung unberührt geblieben [18]. Deshalb werden Schutzgebiete von bis zu 50 % der Landfläche als notwendig für den Erhalt der Biodiversität angesehen [19].

5.3 Soziale Auswirkungen

5.3.1 Ernährung

Industriepflanzen beanspruchen in Deutschland heute nur 2 % der landwirtschaftlichen Flächen. Das scheint verkraftbar; allerdings steht die Rohstoffwende ja auch erst ganz am Anfang. Zu welcher Dimension sich der Bedarf an Biokohlenstoffquellen entwickeln kann, soll an dem bereits öfter herangezogenen Beispiel der Grundchemikalie Ethylen erläutert werden. Deutschland hat an der Weltproduktion von Ethylen einen Anteil von 2,3 %, das sind 5 Mio. t. Wenn für die Umstellung auf Biorohstoff Zucker verwendet würde, wären dafür 17 Mio. t Zucker oder fast das Vierfache der deutschen Zuckerproduktion bzw. der Anbaufläche erforderlich (für 5 Mio. t Bioethylen werden als Vorstufe 8,3 Mio. t Bioethanol benötigt, die ihrerseits als Rohstoff mindestens 16,7 Mio. t Zucker verbrauchen). Und das ist nur eine von vielen großvolumigen Chemikalien! Zwar könnte von Ethylen auch zu anderen Chemikalien gewechselt werden, aber auch diese benötigen Rohstoffe. In jedem Fall betritt mit der modernen Bioökonomie ein zusätzlicher sehr großer Abnehmer den Markt der Landwirtschaft.

Tatsächlich kann die Agrarwissenschaft den Ertrag durch Pflanzenzüchtung, moderne Anbaumethoden, die Reduzierung von Ernteverlusten und die Flächenausweitung voraussichtlich weiter steigern. Für die globale Landwirtschaft wird eine Steigerung um bis zu 150 % für möglich gehalten [20]. Das ist auch notwendig, denn allein der Bedarf an Nahrungsmitteln wird aus mehreren Gründen deutlich zunehmen. Die globale Bevölkerung wird nicht nur von heute 7,6 Mrd. Menschen auf 8,8 Mrd. bis 2050 wachsen, die Menschen leben auch länger. (Global ist die Lebenserwartung in den letzten 50 Jahren um 20 Jahre auf durchschnittlich 71 (Männer) bzw. 74 Jahre (Frauen) gestiegen [21]). Zudem verändern sich die Ansprüche an die Qualität der Lebensmittel. Gerade in bevölkerungsreichen Ländern wie China und Indien nimmt der Wohlstand zu, und dies führt erfahrungsgemäß zu einer höheren Nachfrage nach hochwertigen Lebensmitteln, insbesondere Fleisch. Wer wollte das den Menschen, die gerade erst den uns gewohnten Lebensstandard erreichen, verweigern?

5.3.2 Arbeitsplätze

Um die dezentrale Produktionsstruktur der Bioökonomie mit ihren zahlreichen kleinen Anlagen betreiben zu können, ist Personal notwendig. Insofern ist die häufig geäußerte Erwartung, dass die Bioökonomie Arbeitsplätze schafft, durchaus realistisch. So erwartet die EU bis 2030 die Schaffung von 1 Mio. neuer Arbeitsplätze in der Bioökonomie [22]. Diese Beschäftigung soll vor allem im ländlichen Raum entstehen, also dort, wo Biomasse erzeugt wird und die ersten Verarbeitungsstufen durchgeführt werden. Das bedeutet, dass die neue Beschäftigung nicht in den Industriezentren entsteht, wo Arbeitsplätze der fossilbasierten Wirtschaft voraussichtlich verloren gehen. Wir müssen also davon ausgehen, dass mit der Bioökonomie auf die etablierten Industrieregionen auch in Deutschland ein erheblicher Anpassungsbedarf zukommen wird. Möglicherweise beschränkt sich diese Anpassung in Deutschland und Europa nicht nur auf die Verschiebung von Beschäftigung aus industriellen in ländliche Gebiete. Genauso wie wir heute Kohlenstoffquellen importieren, wird dies auch zukünftig notwendig sein. Schließlich verarbeitet Deutschland als Exportweltmeister mehr Rohstoff, als aus eigenen Kapazitäten zur Verfügung gestellt werden könnte. Dies wird auch in Zukunft gelten, und die deutsche Industrie könnte beispielsweise Rohrzucker aus Brasilien importieren, um in Deutschland Bioethylen zu erzeugen. Ist es dann nicht naheliegend, dass brasilianische Zuckerproduzenten, die heute schon in großem Maßstab Bioethanol fermentieren, sich selbst zu Produzenten von Bioethylen weiterentwickeln? Das ist eigentlich sehr wahrscheinlich und würde der historischen Entwicklung der fossilbasierten Chemie folgen, wo die Verarbeitung von Erdöl und Erdgas zu Grundchemie ebenfalls aus

Deutschland weg und zu einem großen Teil in die Öl und Gas produzierenden Länder abgewandert ist. Um die zukünftigen Arbeitsplätze der Bioökonomie in Deutschland zu halten, muss sich die deutsche Bioökonomie deshalb nicht nur dem Wettbewerb mit fossilen Rohstoffen stellen, sondern auch die Entwicklung in globalen Biomasseregionen aufmerksam verfolgen und zusehen, dass zumindest die technisch anspruchsvollen Wertschöpfungsketten im Land gehalten werden.

5.3.3 Wohlstand

Die in Abschn. 5.1 analysierten Wertschöpfungs- und Prozessketten haben gezeigt, dass sie im Vergleich zu den fossilbasierten Wertschöpfungsketten wesentlich komplexer und vielstufiger sind. Auf jeder dieser Stufen sind Investitionen zu tätigen, jede braucht Personal. Die EU bestätigt diese Erwartung indirekt, wenn sie bis 2030 von 1 Mio. neuer Arbeitsplätze ausgeht, denn damit sind im Vergleich zu heute Mehrkosten für Personal in einer Größenordnung von 30 Mrd. EUR plus Nebenkosten verbunden (Das durchschnittliche Bruttoeinkommen beträgt in der EU 2610 EUR/Monat (EU28, 2014) [23]). Zusätzlich muss von einem erheblichen Investitionsbedarf ausgegangen werden, den die Unternehmen ebenfalls aufbringen müssen. Es ist deshalb nicht überraschend, dass die Produktionskosten biobasierter Chemieprodukte um den Faktor zwei und mehr über dem von vergleichbaren fossilbasierten Chemikalien liegen. Kostenoptimierung mag diese Differenz mittelfristig abmildern, aber dennoch ist langfristig von einem höheren Kostenniveau biobasierter Produktion auszugehen. Dies liegt unter anderem auch an der dezentralen Produktionsstruktur biobasierter Anlagen. Weil der Transport von Biomasse aufwendig ist und weil wegen der vergleichsweise geringen Kohlenstoffausbeute pro Produkteinheit ein Vielfaches an Rohstoffvolumina transportiert werden muss, können Biorohstoffe nicht über Tausende von Kilometern transportiert werden, wie wir es von Erdöl und Erdgas gewohnt sind. Stattdessen sind kurze Transportwege zu bevorzugen, wobei die notwendige Vielzahl an Lade- und Entladestationen diesem gesteigerten Transportvolumen entsprechen muss, was auch wieder Investitionskosten nach sich zieht. So würde die Herstellung von Bionaphtha aus holzartiger Biomasse 5,7 t Holz pro Tonne Naphtha erfordern [24]. Sehr großvolumige Raffineriekapazitäten, wie sie für fossile Rohstoffe beschrieben wurden, wird die Bioökonomie deshalb nicht hervorbringen können. Die Kehrseite ist, dass damit auch die Kostenvorteile großvolumiger Produktion nicht nutzbar sind. Alles in allem muss davon ausgegangen werden, dass die Bioökonomie auf einem höheren Kostenniveau als die fossilbasierte Wirtschaft arbeiten wird. Für die Chemie wird erwartet, dass die Kosten 2050 60 % über dem Niveau von 2020 liegen werden [24]. Diese Aussage gilt natürlich nur unter den heute gegebenen Rahmenbedingungen, bei denen die Kosten der durch die fossilbasierte Wirtschaft verursachten ökologischen Schäden nicht in die heutigen Produktionskosten einbezogen werden. Heute werden diese Schadenskosten nicht von den Verursachern, sondern von anderen Stellen, oft letztlich von öffentlichen Haushalten getragen. In der Bioökonomie werden derartige Schadenskosten nicht entstehen, sodass höhere Produktionskosten insgesamt nicht zwangsläufig mit einem Wohlstandsverlust einhergehen müssen.

Schwierige Hürden müssen überwunden und zudem komplexe Zielkonflikte bewältigt werden, um die Bioökonomie nachhaltig zu etablieren. Welche Optionen sich dafür anbieten ist das Thema des nächsten Kapitels.

Literatur

1. chemie.de (2010) Braskem eröffnet die weltweit größte grüne Ethylenanlage. https://www.chemie.de/news/123718/braskem-eroeffnet-die-weltweit-groesste-gruene-ethylenanlage.html. Zugegriffen 11. Jan. 2020
2. Statista (2019) Erzeugung von Zucker in Deutschland in den Jahren 2006/07 bis 2019/20. https://de.statista.com/statistik/daten/studie/209213/umfrage/herstellung-von-zucker/. Zugegriffen: 2. Jan. 2020
3. Henniges O (2007) Profitability of bioethanol – a national and internationalcomparison of production and production costs. Agrarwirtschaft 56 (5/6):249–254. http://www.gjae-online.de/news/pdfstamps/freeoutputs/GJAE-439_2007.pdf. Zugegriffen 8. Jan. 2020
4. Budimir NJ et al (2011) Rectified ethanol production cost analysis. Thermal Science 15(2) (2011) 281–292. https://doi.org/10.2298/TSCI100914022B
5. Bazzanella AM, Ausfelder F (2017) Low carbon energy and feedstock for the European chemical industry. Dechema. https://dechema.de/dechema_media/Downloads/Positionspapiere/Technology_study_Low_carbon_energy_and_feedstock_for_the_European_chemical_industry.pdf. Zugegriffen: 8. Jan. 2020
6. Hall K (2019) U.S. e Prices in Q2 2019: Where have all the traders gone? IHS Markit. https://ihsmarkit.com/research-analysis/us-ethylene-prices-in-q2-2019-where-have-all-the-traders-gone.html. Zugegriffen 8. Jan. 2020
7. US EPA (undatiert) Global Greenhouse Gas Emissions Data. https://www.google.com/searchclient=safari&rls=en&q=USEPA+global+emissions+by+economic+sector&ie=UTF-8&oe=UTF-8. Zugegriffen 16. Jan. 2020
8. https://www.umweltbundesamt.de/daten/klima/treibhausgas-emissionen-in-deutschland#textpart-4
9. EC (2018) The crop yield gap between organic and conventional agriculture. https://ec.europa.eu/knowledge4policy/publication/crop-yield-gap-between-organic-conventional-agriculture_en. Zugegriffen: 2. Jan. 2020

10. UBA (2019) Lachgas und Methan. https://www.umweltbundesamt.de/themen/boden-landwirtschaft/umweltbelastungen-der-landwirtschaft/lachgas-methan. Zugegriffen: 2. Jan. 2020
11. Rockström J et al. (2009) Planetary boundaries: exploring the safe operating space for humanity. Ecology and Society 14(2):32. http://www.ecologyandsociety.org/vol14/iss2/art32/. Zugegriffen: 2. Jan. 2020
12. Steffen W et al. (2015) Planetary boundaries: Guiding human development on a changing planet. Science 347 (6223) (2015): 1259855. https://doi.org/10.1126/science.1259855.
13. Berger L (2018) Bioökonomie und Biodiversität – Workshop-Dokumentation. BfN-Skripten 496, Bundesamt für Naturschutz. https://www.bfn.de/fileadmin/BfN/service/Dokumente/skripten/Skript496.pdf. Zugegriffen: 16.1.2020
14. Bürger-Arndt R, Ohse B, Meyer K, Höltermann A (2012) Ökosystemdienstleistungen von Wäldern: Workshopbericht Internationale Naturschutzakademie Insel Vilm, 16–19. Nov. 2011. BfN-Skripten. 320:145
15. TEEB (undatiert) Ecosystem services. http://www.teebweb.org/resources/ecosystem-services/. Zugegriffen 17. Jan. 2020
16. Costanza R et al (2014) Changes in the global value of ecosystem services. Global Environmental. 26: 152–158. https://doi.org/10.1016/j.gloenvcha.2014.04.002. Zugegriffen 2. Jan. 2020
17. Heinrich Böll Stiftung (2019) Biodiversität in Deutschland: Artenvielfalt geht verloren. https://www.boell.de/de/2019/01/09/biodiversitaet-deutschland-artenvielfalt-geht-verloren. Zugegriffen: 2. Jan. 2020
18. Groot de R (2010) Integrating the ecological and economic dimensions in biodiversity and ecosystem service valuation. In: Kumar P, TEEB Earthscan (Hrsg.) The economics

of ecosystems and biodiversity ecological and economic foundations. London and Washington. http://www.teebweb.org/wp-content/uploads/2013/04/D0-Chapter-1-Integrating-the-ecological-and-economic-dimensions-in-biodiversity-and-ecosystem-service-valuation.pdf. Zugegriffen 2. Jan. 2020
19. Wilson EO (2016) Half-Earth. Our planet's fight for life. Liveright Publishing Corp, New York
20. Mauser W et al (2015) Global biomass production potentials exceed expected future demand without the need for cropland expansion. Nat Commun. 2015; 6 (2015) 8946. doi: 10.1038/ncomms9946.
21. Science.ORF (2018) Weltvergleich der Lebenserwartung. https://science.orf.at/stories/2946247/. Zugegriffen: 8. Jan. 2020
22. EC (2018) A sustainable Bioeconomy for Europe: strengthening the connection between economy, society and the environment – updated bioeconomy strategy. https://ec.europa.eu/research/bioeconomy/pdf/ec_bioeconomy_strategy_2018.pdf. Zugegriffen: 2. Jan. 2020
23. Statista (2016) Durchschnittlicher Bruttomonatsverdienst von Vollzeitbeschäftigten in den Ländern der Europäischen Union (EU) im Jahr 2014. https://de.statista.com/statistik/daten/studie/183571/umfrage/bruttomonatsverdienst-in-der-eu/. Zugegriffen: 2.1.2020
24. Dechema, Future Camp Climate (2019) ROADMAP CHEMIE 2050 – Auf dem Weg zu einer treibhausgasneutralen chemischen Industrie in Deutschland. https://dechema.de/dechema_media/Downloads/Positionspapiere/2019_Studie_Roadmap_Chemie_2050-p-20005590.PDF. Zugegriffen: 3. Jan. 2020

6

Welche Lösungsoptionen bieten sich an?

> **Zusammenfassung**
>
> Um die Ökosystemleistungen zu schonen und die planetaren Grenzen einzuhalten, müssen biogene Kohlenstoffquellen für diejenigen Branchen priorisiert werden, die auf kohlenstoffhaltige Rohstoffe angewiesen sind. Diese Branchen sollen Biomasse, Reststoffe der Verarbeitung und Produkte nach der Nutzung vollständig verwerten und so die Bioökonomie in Richtung Kreislaufwirtschaft entwickeln. Geeignete Verfahrenskonzepte sind die Koppel- und Kaskadennutzung sowie die Rezyklierung. Dazu gehört auch die Verwertung gasförmiger Kohlenstoffquellen, die den natürlichen Kohlenstoffkreislauf um einen technischen Kreislauf ergänzt. Diese Verfahren sind energieintensiv und verlangen deshalb die Integration der Bioökonomie in den Energiesektor.

Heute werden enorme Mengen an Kohle, Erdöl und Erdgas als Energiequelle für Wärme und Strom und als Kohlenstoffquelle für Treibstoffe, Chemikalien, Kunststoffe und Pharmazeutika verbraucht. Rein technisch gesehen könnten Biorohstoffe in all diesen Bereichen die fossilen Rohstoffe ablösen. Dass wir damit aber an planetare Grenzen stoßen würden, hat Kap. 5 deutlich gezeigt. Um die Rohstoffwende nachhaltig zu gestalten, müssen wir deshalb überlegen, welche Produkte biobasiert hergestellt werden *müssen,* wie landwirtschaftliche Flächen geschont und planetare Grenzen eingehalten werden, wie die Rohstoffe möglichst vollständig genutzt und rezykliert werden können und wie schließlich eine Integration der Bioökonomie und des Energiesektors zu Nachhaltigkeit beitragen kann.

6.1 Prioritäten setzen

Müssen wir eigentlich alle Produkte, die heute fossilbasiert sind, auf biogene Rohstoffe umstellen? Und für welche Anwendungen, die heute Kohlenstoff verbrauchen, sind wir unbedingt auf Kohlenstoff angewiesen? Wo gibt es möglicherweise Alternativen? Im Fall der Energiequellen ist die Antwort eindeutig, denn um Energie emissionsfrei anzubieten, und darauf kommt es ja an, können wir in Deutschland die Energiewende fortsetzen und auf Solar- und Windenergie, Wasserkraft und Geothermie setzen; die EU setzt außerdem auf Kernenergie (s. A.15 im Anhang). Für die Erzeugung von Wärme und Strom müssen wir also gar nicht unbedingt auf Biorohstoffe zurückgreifen. Im Prinzip gilt das auch für Treibstoffe. Autos können auch mit Strom oder Wasserstoff fahren. Selbst Schiffe und Flugzeuge sind schon mit Wasserstoff und Strom gefahren. So wurde in Hamburg seit 2007 ein Passagierschiff mit Strom aus Brennstoffzellen betrieben, bis 2013 aus wirtschaftlichen Gründen die Wasserstofftankstelle und damit auch der Schiffsbetrieb eingestellt wurden [1]. Aussichtsreicher ist dagegen das Vorhaben der kanadischen

6 Welche Lösungsoptionen bieten sich an?

Fluggesellschaft Harbour Air, die lokale, nur 30 min dauernde Linienflüge anbietet. Eine ihrer Maschinen wurde mit einem Elektromotor und Lithiumionen-Akkus bestückt. Das Flugzeug hob am 10.12.2019 zum ersten Mal ab. Die Zulassung zum Linienverkehr wird im Dezember 2020 erwartet [2]. Trotzdem werden Langstreckenflüge, Schiffs- und Schwerlastverkehr noch auf absehbare Zeit Treibstoffe hoher Energiedichte benötigen. Bislang leisten das nur flüssige kohlenstoffhaltige Energieträger. Die in diesen Verkehrssektoren benötigte Treibstoffe sollten eine der Prioritäten der modernen Bioökonomie sein.

Ebenfalls nicht auf Kohlenstoff verzichten kann der größte Teil der Chemie und der Pharmazie. Das Segment der Chemieindustrie, das sich mit Metallen, Salzen und einem Großteil der Gase beschäftigt, verbraucht auch heute schon fossile Rohstoffe nur für die Energieerzeugung. Diese Produkte sind kohlenstofffrei und werden deshalb als anorganisch bezeichnet. Wenn dieser Bereich auf alternative Energien umsteigt, arbeitet er komplett kohlenstofffrei.

Der weitaus größere Teil der Chemieindustrie produziert aber Produkte der organischen Chemie, die definitionsgemäß Kohlenstoff enthalten, und es gibt hier auch keine Alternative zu Kohlenstoff. Die organische Chemie und Pharmazeutika bleiben deshalb grundsätzlich auf Kohlenstoff angewiesen. Die moderne Bioökonomie muss die Priorität also auf die Chemie legen. Von eingeschränkter Priorität sind Treibstoffe, solange kohlenstofffreie Alternativen nicht ausreichend verfügbar sind.

Volumenmäßig hat die sogenannte Grundchemie den größten Anteil an der Produktion. Als Grundchemie werden die Chemikalien bezeichnet, die am Anfang der Verarbeitungskette stehen und die zu sehr vielen verschiedenen Zwischen- und Endprodukten weiterverarbeitet werden. Entsprechend groß ist ihr Produktionsvolumen, das in den Millionentonnenmaßstab reicht. Allein von der größten Grundchemikalie Ethylen werden weltweit jährlich 160 Mio. t produziert. Auch in Deutschland werden Ethylen und weitere Grundchemikalien produziert [3]. Bei ihrer Herstellung entstehen Emissionen, wenn fossile Energien eingesetzt und die aus ihnen hergestellten Konsumentenprodukte nach der Nutzung als Siedlungsabfall in der Müllverbrennungsanlage verbrannt werden. Die Produkte der in Tab. 6.1 genannten Grundchemikalien enthalten rund 10 Mio. t Kohlenstoff. Die Verbrennung der daraus gefertigten Produkte führt rechnerisch zu einer Emission von 36 Mio. t Kohlenstoffdioxid. Das entspricht immerhin der vierfachen Emission einer Großstadt wie Frankfurt am Main und ist damit wirklich relevant.

Gerade die Grundchemie sollte deshalb auf biogenen Kohlenstoff umgestellt werden. Das ist aber leichter gesagt als getan und stößt, wie wir in Abschn. 5.2.1 am Beispiel von Ethylen gesehen haben, rohstoffseitig an Grenzen, wenn wir allein auf Zucker als Rohstoff setzen. Einen

Tab. 6.1 Produktion ausgewählter Grundchemikalien in Deutschland (2018)

Grundchemikalie Primärproduktion	Produktion [Millionen Tonnen]	Kohlenstoffgehalt [%]	Enthaltener Kohlenstoff [Millionen Tonnen]
Olefine			7,46
Ethylen	4,7	85,7	4,03
Propylen	3,9	85,7	3,34
Butadien	0,8	85,7	0,69
Aromaten			2,30
Benzol	1,8	92,3	1,66
Toluol	0,7	91,3	0,64

naheliegenden Ausweg bietet die Rezyklierung von Kunststoffen.

Gerade beim Beispiel Ethylen werden manche Leser und Leserinnen einwenden, dass Industrie und Konsumenten sowieso grundsätzlich auf Kunststoffe verzichten sollten, um diese Problematik in Zukunft zu vermeiden. Das Ethylenbeispiel soll auch nur noch einmal verdeutlichen, wie stark der Rohstoffbedarf in der Bioökonomie durch den vergleichsweise geringen Kohlenstoffgehalt in der Biomasse und die mäßigen Verfahrensausbeuten bestimmt wird. Auch bei Verzicht oder zumindest der Reduktion einzelner Produktgruppen werden wir uns einem Bedarf an Biomassequellen stellen müssen, der herausfordernd bleibt (s. Kasten 6.1).

Kasten 6.1 Kohlenstoffbedarf der Chemieindustrie

Die wichtigsten fossilen Kohlenstoffquellen der Chemieindustrie sind Erdöl und Erdgas. Davon verbraucht die globale Chemieindustrie einen Anteil von 9 %, das sind rund 700 Mio. t Öl-Äquivalente, die zu rund 85 % aus Kohlenstoff bestehen (600 Mio. t). Etwa die Hälfte wird für die Energieerzeugung eingesetzt; die andere Hälfte bleibt in Produkten der organischen Chemie gebunden. Für Produkte beträgt der Kohlenstoffbedarf weltweit also rund 300 Mio. t [4, 5].

6.2 Anbauflächen schonen

Diverse Studien kommen zu dem Ergebnis, dass global genügend Flächen zusätzlich erschlossen werden können, um den Kohlenstoffbedarf der Industrie zu befriedigen, und für Deutschland wird sogar das Potenzial gesehen, 2050 immerhin ein Viertel des Energiebedarfs aus einheimischer Biomasse zu decken [6]. Damit könnte das Thema Flächenschonung eigentlich abgehakt sein, aber angesichts der heute schon überschrittenen planetaren Grenzen und der beschädigten Ökosystemleistungen stellt sich für mich die Frage, ob es wirklich nachhaltig sein wird, alle theoretisch verfügbaren Flächen zu nutzen. Müssten wir den Ökosystemen nicht mehr Schutzflächen, insbesondere für den Erhalt der Biodiversität, zur Verfügung stellen? Ob es gleich die Hälfte aller globalen Flächen sein muss, wie der renommierte Biodiversitätsforscher E. O. Wilson fordert, sei dahingestellt, aber grundsätzlich sollten Böden auch bei uns mehr wertgeschätzt werden. In Deutschland gehen Jahr für Jahr 260 km^2 vor allem landwirtschaftlicher Flächen durch Versiegelung und Bebauung unwiederbringlich verloren; das entspricht in etwa der Fläche von Frankfurt am Main. Zwar muss bei der Flächennutzungsplanung [7] die Bodenqualität berücksichtigt werden, aber in der öffentlichen Diskussion und in der politischen Entscheidungsfindung spielt sie zu oft eine untergeordnete Rolle. So wird beispielsweise in Frankfurt am Main ein neuer Stadtteil geplant, der Böden versiegeln würde, die zu den fruchtbarsten in Deutschland gehören [8]. Dass wir diese Flächen für die Rohstoffwende dringend brauchen werden, spielt in der öffentlichen Debatte keine Rolle. So kommt es, dass wir bei uns fruchtbare Flächen vernichten und gleichzeitig die Rodung von Urwald für die Gewinnung von Ackerflächen anderswo beklagen. Ist das nicht paradox?

6.2.1 Flächen

Bezüglich der konventionellen Bioökonomie wird der enorme Flächenverbrauch der Fleischproduktion schon lange kritisch diskutiert. Dabei bietet gerade die moderne Bioökonomie Verfahrensweisen und Produkte an, die den Flächenverbrauch für die Tierzucht verringern können.

6 Welche Lösungsoptionen bieten sich an?

Einen enormen Hebel bietet die Anpassung der Futtermittel an den Bedarf der Tiere. Ein wichtiger Futterbestandteil sind nämlich die Bausteine für Eiweiß (Aminosäuren), aus denen die Tiere ihr körpereigenes Eiweiß, also Fleisch, aufbauen. Nicht alle, aber einige dieser Aminosäuren, müssen die Tiere mit dem Futter aufnehmen, weil sie sie nicht selbst bilden können. Soja ist deshalb ein wichtiger Futterbestandteil, weil sein Eiweiß reich an diesen Aminosäuren ist. Mais, eine weitere wichtige Futterpflanze, ist dagegen ein sehr guter Stärkelieferant, liefert aber nur in geringem Maß Aminosäuren; sie ergänzen sich also gut. Allerdings gibt es einen wichtigen Unterschied zwischen diesen beiden Futterpflanzen. Für die Kultivierung beanspruchen sie ganz unterschiedlich große Flächen. Während 1 Hektar fast 8 t Mais liefert, können von der gleichen Fläche nur rund 2 t Soja geerntet werden. Würde der Nährwert von Mais auf den von Soja gehoben, könnten also erhebliche Flächen eingespart werden. Tatsächlich gelingt dies mit der Beimischung der fehlenden Aminosäuren, die auf Basis von Zucker produziert werden können. In so optimiertem Futter kann der Sojaanteil des Futters erheblich reduziert werden. Selbst wenn man die für die Produktion des Zuckers benötigte Fläche einbezieht, werden auf diese Weise pro Tonne Futter große Flächen eingespart (s. A.16 im Anhang). Ein Betrieb mit 100 Milchkühen kann so auf Sojabohnen verzichten, die sonst auf 8 Hektar angebaut werden müssten. Der größte Markt für Futtermittelaminosäuren ist die Geflügel- und Schweinezucht. Aminosäuren sind damit ein Produkt der modernen Bioökonomie, das erheblich zur Flächeneinsparung beiträgt.

Einen weiteren Weg zur Reduktion der Flächen für Futtermittel bieten Fleischersatzprodukte auf pflanzlicher Basis. So gibt das Unternehmen Beyond Meat an, Erbsen, Mungbohnen und Reis zu verwenden, während die Produkte von Impossible Food auf Eiweiß von Sojabohnen und Kartoffeln basieren. Für den Fleischgeschmack sorgen unter anderem biotechnologisch auf Basis von Zucker hergestellte Geschmacksstoffe [9]. Eine weitere Möglichkeit zur Einsparung von Flächen ist die Züchtung von Pflanzen, deren Eiweiß genauso wie das von Hühnereiern zusammengesetzt ist [10]. Dieses Eiweiß ist begehrt, weil es für uns Menschen hervorragend verdaulich ist und in der Lebensmittelindustrie für die Herstellung von Nudeln, Mayonnaise, Backwaren und ähnlichen Produkten ein gesuchter Rohstoff ist. Mit derartigen Pflanzen könnte man also Ei-Eiweiß ohne Hühner produzieren, könnte auf viele Hühnerfarmen verzichten, würde das dort sonst verbrauchte Futter einsparen und erhielte trotzdem den gleichen Nährwert. Die Gewebekultur, also die Züchtung von tierischem Gewebe in einem sterilen Behälter (Kasten 6.2), ist eine weitere Alternative. Das Nährmedium wird auf Basis von Zucker hergestellt. Heute wird noch Blutserum aus tierischen Quellen benötigt, aber zukünftig können die Wachstumsfaktoren des Serums sehr wahrscheinlich biotechnologisch hergestellt werden. Hier entsteht tatsächlich Fleisch, das quasi „tierlos" erzeugt wird (in-vitro-Fleisch) [11]. Von der Eiweißzusammensetzung her kann es mit dem Original identisch sein; ob Geschmack und Konsistenz stimmen, ist eine Frage der Verarbeitung. Im Prinzip ist die Gewebekultur auch für pflanzliche Produkte, zum Beispiel für die Herstellung von Aromen oder Wirkstoffen geeignet [12]. Ebenfalls echtes Fleisch bieten Insekten, die auf pflanzlichen und tierischen Reststoffen gezüchtet werden sollen. Ein weiteres Anwendungsgebiet für die Gewebekultur ist der Ersatz von Leder [13]. Und dass derartige Produkte ökonomisch sehr erfolgreich sein können, soll abschließend das deutsche Biotech-Unternehmen Jennewein belegen. Das 2005 gegründete Start-up produziert Bestandteile von Muttermilch und plant, 2020 über einen Börsengang 100 Mio. EUR einzuwerben [14].

Diese Optionen werden vielleicht manchen Leser und manche Leserin nicht gerade begeistern, aber ich gebe zu bedenken, dass sie ein erhebliches Potenzial haben, die heute für die Tierzucht benötigte landwirtschaftliche Fläche für andere Nutzungsarten freizumachen. Dass diese Ideen Geschäftspotenzial haben, lässt sich daran ablesen, dass sich große Unternehmen beteiligen. So haben Merck in in-vitro-Fleisch und Evonik in Lederersatz investiert [15, 16].

6.2.2 Ökosystemgrenzen

Die globalen Stickstoff-, Phosphat- und Kohlenstoffkreisläufe werden bereits als gestört eingestuft, und das in der Atmosphäre ansteigende Kohlenstoffdioxid ist ein Indikator, dass auch der Kohlenstoffkreislauf nicht mehr in Ordnung ist. Alle drei Parameter betreffen die natürlichen Grundlagen der Bioökonomie direkt, und deshalb dürfen diese Stoffkreisläufe nicht nur nicht weiter belastet werden, sondern es ist notwendig, den Stickstoff-, den Phosphat- und den Kohlenstoffkreislauf wieder in einen ausbalancierten Zustand zurückzuführen. Welche Maßnahmen aus der Bioökonomie heraus in Deutschland möglich sind, wird im Folgenden beispielhaft diskutiert.

Kasten 6.2 Gewebekulturfleisch

Die Herstellung von Fleisch durch Gewebekultur startet mit der Entnahme von Zellen aus dem Muskel eines Tieres. Unter diesen Zellen sind auch Stammzellen, die beispielsweise nach einer Verletzung natürlicherweise neues Muskelgewebe bilden. Diesen Zellen werden Nährstoffe und Wachstumsfaktoren angeboten, damit sie sich in einem sterilen Gefäß vermehren und zu Muskelzellen differenzieren. Diese arrangieren sich von selbst zu

> kurzen Muskelfasern. Zusammen mit Hilfsstoffen für die Konsistenz und mit Geschmacksstoffen sind diese Muskelfasern die Grundlage für ein Fleischprodukt.

Stickstoffhaushalt

Das Ausbringen von Gülle auf Ackerflächen ist eine der Quellen der Stickstoffüberlastung. Betroffen sind insbesondere Regionen intensiver Tierzucht wie in Nordrhein-Westfalen und in Niedersachsen. Der Stickstoff der Gülle stammt aus dem Futter, das eine Eiweißzusammensetzung anbietet, die nicht mit dem Eiweißprofil des Tieres identisch ist. Die Aminosäuren des Eiweißes enthalten nämlich Stickstoff. Wenn bestimmte Aminosäuren im Futter von den Tieren nicht verwertet werden, weil sie überschüssig sind, werden sie mit der Gülle ausgeschieden. Durch Aminosäureergänzung optimiertes Futter wird vollständiger verwertet, was die Stickstoffbelastung der Gülle erheblich senkt. Die Ergänzung des Futters mit Aminosäuren hat also eine entlastende ökologische Wirkung. Das weltweit erste Unternehmen, das die Aminosäuresupplementierung von Tierfutter eingeführt hat, war Degussa, ein Vorgängerunternehmen von Evonik. Evonik ist heute Weltmarktführer für Aminosäuren.

Phosphathaushalt

Auch bezüglich der Schädigung des Phosphathaushalts ist die mit der Tierzucht verbundene Güllebelastung ein wesentlicher Faktor. Tierfutter muss Phosphat enthalten, aber Futterpflanzen enthalten diese Verbindung in einer Form, welche die Tiere nicht verdauen können. Das pflanzliche Phosphat wird deshalb unverdaut mit der Gülle ausgeschieden, weshalb dem Futter Phosphat in einer den Tieren zugänglichen Form zugemischt werden muss. Alternativ wird das pflanzliche Phosphat mit einem Enzym versetzt, welches das pflanzliche Phosphat in eine für die Tiere verdauliche Form bringt. So kann auf die Fütterung von zusätzlichem Phosphat verzichtet und die Phosphatlast der Gülle reduziert werden. Dieses Enzym wurde 1990 erstmals von der BASF auf den Markt gebracht. Das schont außerdem die Phosphatlagerstätten, von denen zumindest diejenigen, die einfach abbaubar sind, in absehbarer Zeit erschöpft sein werden. Heute wird Phosphat durch den Abbau von Phosphatgestein gewonnen, wobei Marokko die einzige sehr große Lagerstätte besitzt, deren Produktionskapazität aber in 10 − 20 Jahren abnehmen wird. Angesichts des wachsenden Düngemittelbedarfs wird daher die Rückgewinnung von Phosphat beispielsweise aus Abwasser und Klärschlamm zu einem wirtschaftlich interessanten Thema. So sind in Deutschland Betreiber von Kläranlagen seit 2017 verpflichtet, Phosphat zurückzugewinnen [17]. Dieses Beispiel zeigt, wie die Kreislaufwirtschaft für die Rohstoffversorgung immer wichtiger wird.

6.3 Kohlenstoffkreislauf, Koppel- und Kaskadennutzung

Für den Kohlenstoffkreislauf ist es wichtig, kohlenstoffhaltige Produkte nach der Nutzung so zu behandeln, dass ihr Kohlenstoff wieder in die industrielle Nutzung eintritt, der Kreislauf also geschlossen wird. Eine Option ist die Rezyklierung der Materialien, also beispielsweise aus Altkunststoffen neue Kunststoffe herzustellen. Eine andere Option ist die energetische Verwertung und die Rezyklierung des bei der Verbrennung entstehenden Kohlenstoffdioxids. Dafür kommen der *natürliche* oder

der *technische* Kohlenstoffkreislauf infrage. Theoretisch wäre die Bilanz in beiden Fällen neutral, weil genauso viel Kohlenstoffdioxid freigesetzt wie wiederverwendet wird. Weil bei der Biomasseproduktion aber auch Treibhausgase emittiert werden, entsteht doch ein Emissionsüberschuss, sodass der technische dem natürlichen Kohlenstoffkreislauf eigentlich vorzuziehen ist, wenn emissionsfreie Energien eingesetzt werden.

Sowohl wirtschaftlich wie ökologisch ist die Koppelnutzung von Bedeutung. Sie beinhaltet die Verwertung aller Produkte eines Verfahrens. Ein Modellbeispiel bietet die Bioethanolanlage von CropEnergies. Sie hat eine Kapazität von 400.000 t Bioethanol und verarbeitet auch die Koppelprodukte der Ethanolfermentation zu 300.000 t Eiweißfuttermittel und 100.000 t verflüssigtem Kohlenstoffdioxid [18]. Auf diese Weise werden sonst zu entsorgende Nebenprodukte zu Koppelprodukten, die vermarktet werden können und zur Wirtschaftlichkeit beitragen.

Ein ganz ähnliches Konzept stellt die Kaskadennutzung dar. Hier werden Produktionsabläufe auch unterschiedlicher Unternehmen so verknüpft, dass Koppelprodukte des einen Prozesses als Rohstoff in einen anderen eingehen, und zwar kaskadenartig so lange, bis nur noch die energetische Verwertung durch Verbrennung übrig bleibt. Eine derartige Produktion „im Verbund" zu organisieren wurde übrigens von der deutschen Chemieindustrie entwickelt, weshalb sich der Begriff „Verbund" in der internationalen Fachwelt als Lehnwort durchgesetzt hat. Große Industriestandorte, wie wir sie in Deutschland haben, sind dafür besonders geeignet, denn dort sind die Wege von einer Produktionsanlage zur nächsten kurz. Ein Beispiel für eine solche Kaskade von stofflicher zu energetischer Nutzung ist am Industriepark Frankfurt-Höchst bereits seit vielen Jahren etabliert. Für die Produktion von

Biodiesel wird der Standort mit pflanzlichen Ölen beliefert. Ein Koppelprodukt dieser Biodieselproduktion versorgt ein anderes Unternehmen für einen Pharmaprozess. Dessen Nebenprodukte können stofflich nicht weiterverwertet werden, sondern gehen in die Biogasanlage von Infraserv-Höchst, die außerdem mit Abfällen aus der Region beliefert wird. Das Biogas wird zum Teil zur Erzeugung von Strom verbrannt, zum Teil geht es in das öffentliche Erdgasnetz. Ein allerdings nur geringer Teil des in dem Biogas enthaltenen Kohlenstoffdioxids wird abgetrennt und in der Verarbeitung von Lebensmitteln verwertet. Diese Biogasanlage [19] ist übrigens die größte Europas; täglich werden 30.000 m^3 Biogas erzeugt.

6.3.1 Rohstoffe ländlicher Räume

Flächen können auch entlastet werden, indem land- und forstwirtschaftliche Nebenprodukte wie Stroh, Spreu, Restholz und andere nicht essbare Bestandteile als industrielle Rohstoffe eingesetzt werden. Anlagen zur Produktion von Bioethanol aus derartigen Reststoffen haben den Produktionsmaßstab erreicht (s. A.17 im Anhang), und Verfahren zu weiteren Chemieprodukten sind zum Teil schon weit entwickelt. Es ist offensichtlich, dass eine umfassende Verwertung derartiger landwirtschaftlicher Nebenprodukte den zusätzlichen Flächenbedarf der modernen Bioökonomie reduzieren würde. Allerdings bleibt anzumerken, dass diese Nebenprodukte unter Umständen nicht vollständig zur Verfügung stehen oder auch heute schon verwertet werden. So sollen rund 30 % des Strohs auf den Feldern verbleiben, um die Fruchtbarkeit des Bodens zu erhalten. Weiteres Stroh dient als Streu in der Tierhaltung und wird energetisch verwertet. Wenn dieses Stroh der Tierhaltung entzogen wird, entsteht woanders ein Rohstoffbedarf für Alternativprodukte. Insgesamt bieten diese holzartigen Reststoffe weltweit ein enormes Rohstoffpotenzial, dessen Nutzung auch ökologisch geboten ist. Bei der natürlichen Verrottung entstehen nämlich erhebliche Mengen an Treibhausgasen.

6.3.2 Rohstoffe urbaner Räume

Auch städtische Räume haben erhebliches Rohstoffpotenzial. Allein bei uns sind die 11 deutschen Metropolregionen Heimat für mehr als 53 Mio. Menschen (s. A.18 im Anhang). Die Hälfte der Weltbevölkerung lebt in Ballungsräumen wie São Paulo, Tokio oder Shanghai mit mehr als 10 Mio. Menschen. Dort fallen große Mengen an kohlenstoffhaltigen Abfällen an.

Mit Grünschnitt aus öffentlichen Parks, Sportanlagen und privaten Gärten sind Kommunen eine Quelle für holzartige Biomassen. Dazu kommen Küchenabfälle, die bei uns in der „braunen Tonne" separat gesammelt werden. Beides wird heute kompostiert, geht in die Biogasfermentation oder wird in Heizkraftwerken verbrannt. Lebensmittelabfälle könnten stattdessen als Futtermittel für Insekten und damit für die Erzeugung von eiweißreicher Insektenbiomasse für die Tierernährung oder auch als Nahrungsmittel dienen. Auch ein solcher Lebensmittelkreislauf würde dazu beitragen, landwirtschaftliche Flächen zu entlasten.

Klärschlamm aus der Abwasserbehandlung und Gärreste der Biogasfermentation sind ebenfalls kohlenstoffhaltige Reststoffe. Soweit nicht mit Schwermetallen und anderen unerwünschten Stoffen belastet, werden beide Reste als Düngemittel auf Feldern ausgebracht. Alternativ sind sie grundsätzlich eine potenzielle industrielle Kohlenstoffquelle.

6.3.3 Gasförmige Kohlenstoffquellen

Lebensmittelabfälle, Klärschlamm und Gärreste entsprechen allerdings nicht den üblichen Anforderungen an einen industriellen Rohstoff, der möglichst kontinuierlich mit einer definierten Zusammensetzung und gut lagerbar zur Verfügung stehen sollte. Derartige Reststoffe müssten also standardisiert werden. Eine Option für die Standardisierung bietet die Biogasfermentation. Dort werden die Abfälle unter anderem zu Methan abgebaut, d. h. in ein Gas umgesetzt, das im bestehenden Erdgasnetz transportiert werden kann. Biomethan wird heute fast ausschließlich energetisch genutzt, ist aber genauso wie das fossile Methan in Erdgas auch als Treibstoff und als Kohlenstoffquelle für die Chemieindustrie geeignet. Wegen der Vielfalt von Biomassen, die in Biogasanlagen vergoren werden können, kommt Biogas in der Rezyklierung eine Schlüsselrolle zu. Europaweit wird das Potenzial langfristig im Bereich von 150 bis 250 Mrd. m^3 Biogas oder rund 30 % des heutigen Erdgasverbrauchs gesehen (s. A.19 im Anhang).

Auch der Kohlenstoffdioxidanteil des Biogases, der heute in die Atmosphäre entlassen wird, ist ein potenzieller Rohstoff. Die deutschen Unternehmen MicrobEnergy und Schmack Biogas bauen derzeit in der Schweiz die weltweit größte Anlage, in der Kohlenstoffdioxid in Methan umgewandelt wird. Prinzipiell ist Kohlenstoffdioxid sowohl aus fossil- als auch aus biobasierten Verfahren geeignet (s. A.20 im Anhang). Ideal sind Emissionsströme mit einer möglichst hohen Konzentration an Kohlenstoffdioxid. Beispielsweise liefert die Fermentation von Bioethanol ein gut geeignetes Kohlenstoffdioxidgas. Sehr große Volumina liefern vor allem heute noch fossilbasierte Verfahren. Auch sie bieten

Tab. 6.2 Industrielle Kohlenstoffdioxidemission aus biogenen und fossilen Quellen

Quelle	Kohlenstoffdioxid Konzentration im Emissionsgas	Durchschnittlicher Volumenfluss [m³/h]	[kg/h]
Biobasierte Verfahren			
Biogasfermentation	45 %	500	924
Biomassegasifizierung	<50 %	2100	3881
Ethanolfermentation	100 %	5000	9240
Fossilbasierte Verfahren			
Ethylenoxidsynthese	100 %	5600	10.000
Zementproduktion	20 %	30.000	55.440
Ammoniaksynthese	100 %	30.000	55.440
Stahlproduktion	15 %	85.000	157.080

damit zumindest in der jetzigen Übergangsphase in die Bioökonomie potenzielle Kohlenstoffquellen. Einen Überblick gibt Tab. 6.2. Großvolumige Gasströme liefern vor allem Prozesse, die von fossilen Rohstoffen ausgehen; Beispiele sind die Produktion von Zement, Stahl und Ammoniak. Das Gesamtvolumen in Europa und Nordamerika beträgt 5,3 Mrd. t Kohlenstoffdioxid, die 1,4 Mrd. t Kohlenstoff enthalten. Zum Vergleich: Die weltweite Produktion von 192 Mio. t Zucker (2018) enthält 83 Mio. t Kohlenstoff [20–22].

Eine weitere Option für die Standardisierung komplexer Abfälle ist die Gasifizierung. Dabei entsteht Synthesegas, das als Hauptkomponente Kohlenstoffmonoxid enthält. In Nordrhein-Westfalen entwickelt und baut ConcordBlue derartige Anlagen. Das Unternehmen hat in Pune (Indien) die weltweit größte Dampf-Thermolyseanlage zur Energiegewinnung aus Abfall gebaut. Sie gasifiziert täglich 700 bis 1000 t unbehandelten Siedlungsabfall zu Synthesegas, das energetisch verwertet wird [23], aber auch stofflich genutzt werden könnte.

Mit Methan, Kohlenstoffdioxid und Kohlenstoffmonoxid haben wir also drei Gase, die praktisch überall in Deutschland zur Verfügung gestellt werden können: Methan aus Biogasanlagen, Kohlenstoffdioxid aus Bioraffinerien und Kohlenstoffmonoxid aus der Gasifizierung von biogenen Materialien. Noch dazu stehen solche Gase heute schon, allerdings aus fossilen Quellen, in großen Volumina zur Verfügung. Kohlenstoffdioxid wird unter anderem von Zement- und Kraftwerken emittiert, und Kohlenstoffmonoxid ist in Synthesegas, das in Stahlwerken erzeugt wird, enthalten. In Deutschland entwickelt beispielsweise thyssenkrupp die Verwertung von Kohlenstoffmonoxid [24]. Allein die Gase der weltweiten Stahlherstellung (s. A.21 im Anhang) haben das Potenzial, den Rohstoffbedarf für die derzeitige Weltproduktion von Bioethanol mit einem Volumen von 93 Mio. t zu decken. Dies würde die schnell wachsenden Flächen für Zuckerrohr (Brasilien), Mais (USA) [25], Zuckerrüben und Getreide (Europa), die heute Zucker für die Bioethanolfermentation liefern, freisetzen! 2014 gingen mehr als 40 % der US-Maisernte in die Herstellung von Bioethanol; 10 Jahre zuvor waren es erst 0,7 % gewesen. Dass diese Überlegung nicht unrealistisch ist, zeigt Tab. 6.3. Die biotechnologische Herstellung von Ethanol aus Kohlenstoffmonoxid geht derzeit in Gent (Belgien) in einer Anlage des weltweit größten Stahlherstellers ArcelorMittal in den industriellen Maßstab. Für die Anlage wird eine Kapazität von 57 Mio. L Bioethanol mit einer Amortisationszeit von 3 bis 5 Jahren erwartet [26]. Die Produktion weiterer Produkte mit Synthesegasfermentation ist in Vorbereitung und entweder noch in der Forschung oder bereits im Demonstrationsmaßstab [27]. Interessant ist, dass in fast allen Beispielen etablierte

Tab. 6.3 Projekte und Status der Synthesegasfermentation

Industriepartner	Technologieanbieter	Jahr	Produkt	Entwicklungsstand	Land
Baosteel	Lanzatech	2005	Ethanol	Demonstrationsanlage	China
Ineos	University of Arkansas	2008	Ethanol	Demonstrationsanlage	USA
Shougang steel	Lanzatech	2013	Ethanol	Demonstrationsanlage	China
SK	Lanzatech	2013	Butadien	Forschung	Korea
Elekeiroz	Coscata	2014	Butanol	Forschung	Brasilien
China steel corp.	Lanzatech	2015	Ethanol	Demonstrationsanlage	Taiwan
Invista	Lanzatech	2015	1,3-Butandiol 2,3-Butandiol	Forschung	USA
Global Bioenergies	Syngip	2017	Isobuten	Forschung	Frankreich
ArcelorMittal	Lanzatech	2021	Ethanol	Produktion	Belgien

Industrieunternehmen mit einem Start-up als Technologieanbieter kooperieren.

Noch nicht ganz so weit fortgeschritten ist die Verwertung von Kohlenstoffdioxid mittels technischer Photosynthese (Kasten 6.3) oder mikrobieller Verfahren. Anders als die Verwertung von Kohlenstoffmonoxid verbrauchen beide Technologien aber Energie entweder in Form von Strom oder von Wasserstoff. Damit kommen wir an einen für die Nutzung gasförmiger Kohlenstoffquellen entscheidenden Punkt, nämlich die Kopplung der Bioökonomie mit dem Energiesektor.

> **Kasten 6.3 Technische Photosynthese**
>
> Die jüngste Entwicklung bei der Verstoffwechselung von Kohlenmonoxid ist die technische Photosynthese. Bei diesem Verfahren wird Kohlenstoffdioxid unter Stromverbrauch in einem Elektrolyseur in Kohlenmonoxid umgewandelt. Das Kohlenmonoxid wird mikrobiell zu Chemieprodukten umgesetzt. Sowohl der Elektrolyseur als auch der Fermenter sind für den Betrieb im kleinen Maßstab geeignet, was sie für eine zukünftige dezentrale Produktionsinfrastruktur empfiehlt, die mit ebenfalls dezentralen erneuerbaren Energien versorgt werden wird [28]. Für ein solches Verfahren baut Evonik derzeit eine Versuchsanlage in Marl, die ab 2021 Chemikalien wie Butanol oder Hexanol erzeugen soll [29].

6.4 Integration der Bioökonomie und des Energiesektors

In der Chemieindustrie fällt heute als Nebenprodukt der Chlor-Alkali-Elektrolyse ein erhebliches Volumen von Wasserstoff an, das nur teilweise genutzt wird. Damit könnte man anfangen, Wasserstoff für die Rezyklierung von Kohlenstoffdioxid zu verwenden. Für eine umfassende

Rezyklierung wird das aber nicht ausreichen, zumal auch weitere Nutzungsoptionen wie beispielsweise die Herstellung von Treibstoff (Power-to-X zu synthetischen Treibstoffen [30, 31]) in der Diskussion sind. Wir werden also langfristig nicht um die Produktion von Wasserstoff herumkommen. Dafür stehen verschiedene Verfahren zur Verfügung, denen gemeinsam ist, dass sie sehr energieaufwendig sind (s A.22 im Anhang). Aus Gründen des Kohlenstofffußabdrucks kommen natürlich nur emissionsfreie Energien infrage, und gerade darin liegt eine Chance.

In Deutschland wird ein wachsender Anteil des Stroms regenerativ erzeugt, wobei Solar- und Windenergie dazu zwei Drittel beitragen. Diese beiden Energiequellen sind von variablen Licht- und Windverhältnissen abhängig und werden deshalb als volatil bezeichnet. Die Energiewirtschaft muss sich deshalb sowohl auf Phasen der Überproduktion als auch auf Zeiten eines mangelnden Stromangebots aus diesen Quellen einstellen. Nur um Mangelzeiten überbrücken zu können, müssen deshalb große Stromproduktionskapazitäten vorgehalten werden. Könnte man die Stromüberschüsse, die gelegentlich ja auch entstehen, speichern, dann könnten diese Reservekapazitäten reduziert werden. Die EU plant deshalb langfristig den Aufbau von Energiespeichern, die dem Sechsfachen der heutigen Kapazitäten entsprechen [32]. Genau hier liegt die Chance für Wasserstoff, denn der überschüssige Strom könnte für die Erzeugung von Wasserstoff genutzt und in Form von Wasserstoff gespeichert werden. Speicher- und Transportsysteme stehen bereits zur Verfügung, denn dafür ist das Erdgasnetz im Prinzip geeignet. Allerdings benötigt Wasserstoff sehr große Speichervolumina, und hier kommt Methan auf Basis von rezykliertem Kohlenstoffdioxid ins Spiel. Um die gleiche Energie zu speichern, benötigt Methan nämlich weniger als ein Drittel des Volumens von Wasser-

6 Welche Lösungsoptionen bieten sich an?

stoff und kann zudem die umfangreiche Infrastruktur des Erdgasnetzes für die Speicherung und den Transport nutzen. Wie viel Methan könnte man so erzeugen? Eine Abschätzung für die Rezyklierung des Kohlenstoffdioxids aus den für 2030 in Aussicht genommenen Biogaskapazitäten der EU kommt zu dem Ergebnis, dass dies einen Strombedarf erfordern würde, der 6,5 % der gesamten Stromerzeugung (2016) entspräche [33], aber nur 1,4 % des Erdgasverbrauchs des Jahres 2016 befriedigen würde. Mit vergleichsweise viel Energie würde also relativ wenig Methan erzeugt. Trotzdem ist es sinnvoll, die Methanisierung überall dort als Option für die Rezyklierung von Kohlenstoffdioxid in Betracht zu ziehen, wo Kohlenstoffdioxid anfällt und regenerative Energien erzeugt werden können. Biogasanlagen und Bioraffinerien haben kleinräumige Einzugsgebiete und werden deshalb eine eher dezentrale Infrastruktur ausbilden. Dazu passt eine ebenso dezentrale Energieversorgung mittels volatiler Energien, die den Strom für die Erzeugung von Wasserstoff liefern kann. Die Methanisierung von Kohlenstoffdioxid ist nämlich gerade für den Maßstab von Biogasanlagen und Bioraffinerien geeignet und toleriert einen ungleichmäßigen Zufluss von Wasserstoff, wie er für eine volatile Stromversorgung zu erwarten ist. Diese Vision einer dezentralen Methanerzeugung aus Kohlenstoffdioxid kann durch großindustrielle Anlagen durchaus ergänzt werden. In den Niederlanden wird derzeit geprüft, einen Windpark ausschließlich für die Erzeugung von Wasserstoff zu errichten [34] und in Deutschland beabsichtigen große Energie-, Logistik- und Chemieunternehmen ein 130 km langes Netz für „grün erzeugten Wasserstoff" in Betrieb zu nehmen [35].

6.5 Den natürlichen und den technischen Kohlenstoffkreislauf nutzen

Zusammenfassend bleibt festzuhalten, dass es für die Kohlenstoffkreislaufführung zwei grundsätzlich verschiedene Optionen gibt (Abb. 6.1):

- Die eine ist der natürliche Kohlenstoffkreislauf, in dem Pflanzen das Kohlenstoffdioxid aus der Atmosphäre binden und Biomasse aufbauen. Als Energiequelle dient die Sonne. Biomasse ist vor allem für die Herstellung hochwertiger kleinvolumiger Chemieprodukte geeignet. Sie werden nach Nutzung entweder rezykliert oder energetisch verwertet. Bei energetischer Nutzung wird

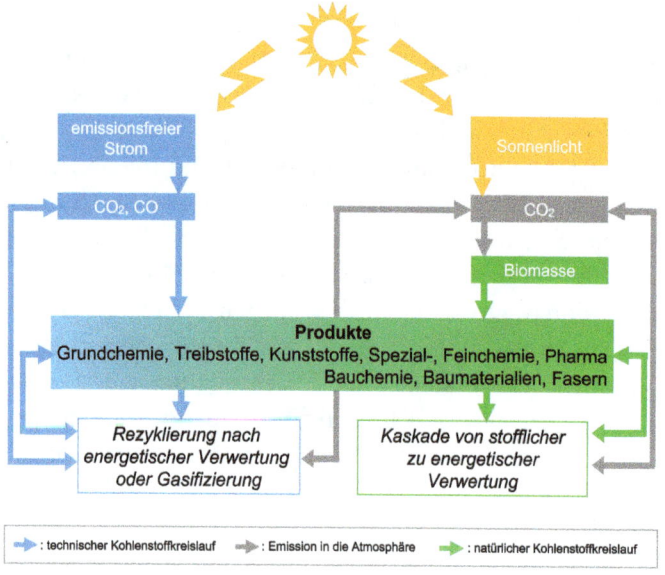

Abb. 6.1 Die Nutzung des natürlichen und des technischen Kohlenstoffkreislaufs für biobasierte Chemieprodukte

das entstehende Kohlenstoffdioxid in die Atmosphäre entlassen und so wieder in den natürlichen Kohlenstoffkreislauf eingespeist.
- Die andere Option ist der technische Kohlenstoffkreislauf. Er verwendet erneuerbare Energien, von denen einige wie Solarenergie, Windenergie und Wasserkraft letztlich ebenfalls von der Sonne angetrieben werden. Die Verfahren der Umwandlung von Kohlenstoffdioxid sind besonders für die großvolumige Grundchemie und für Treibstoffe geeignet. Verwendbar ist auch Kohlenstoffmonoxid, das im Zuge der Produktrezyklierung erzeugt werden kann. Endprodukte der Grundchemie (beispielsweise Kunststoffe) werden nach der Nutzung rezykliert oder energetisch verwertet. Das hier entstehende Kohlenstoffdioxid wird entweder wieder dem technischen Kreislauf zugeführt oder erreicht nach Emission in die Atmosphäre den natürlichen Kohlenstoffkreislauf.

Literatur

1. Wikipedia (2020) Wasserstoffantrieb. https://de.wikipedia.org/wiki/Wasserstoffantrieb#Überwasserschiffe. Zugegriffen: 2. Jan. 2020
2. Schelling C (2020) Ein Biber schreibt Kurzgeschichte. FAZ. https://www.faz.net/aktuell/technik-motor/motor/dehavilland-dhc-2-beaver-ein-biber-schreibt-kurzgeschichte-16549798.html. Zugegriffen: 13. Febr. 2020
3. VCI (2019) Chemiewirtschaft in Zahlen: https://www.vci.de/services/publikationen/broschueren-faltblaetter/chemie-wirtschaft-in-zahlen.jsp. Zugegriffen 2. Jan. 2020
4. Statista (2011) Globaler Öl- und Gasverbrauch im Zeitraum von 1980 bis 2035. https://de.statista.com/statistik/daten/studie/195453/umfrage/globaler-oel-und-gasverbrauch/. Zugegriffen: 2. Jan. 2020

5. EnergyComment (2012) Ölnachfrage Welt nach Sektoren. https://www.energycomment.de/olnachfrage-welt-nach-sektoren/. Zugegriffen: 2. Jan. 2020
6. FNR (2016) Biomasse-Potenziale. https://bioenergie.fnr.de/bioenergie/biomasse/biomasse-potenziale/. Zugegriffen: 2. Jan. 2020
7. Hessisches Ministerium für Umwelt, Energie, Landwirtschaft und Verbraucherschutz (2011) Bodenschutz in der Bauleitplanung. https://umwelt.hessen.de/sites/default/files/HMUELV/bodenschutz_in_der_bauleitplanung_langfassung.pdf. Zugegriffen: 2. Jan. 2020
8. FNP (2018) Heimatboden-Mitbegründer Josef Rühl: „Unsere Böden sind zu wertvoll". https://www.fnp.de/lokales/heimatboden-mitbegruender-josef-ruehl-unsere-boeden-sind-wertvoll-10379087.html. Zugegriffen 12. Jan. 2020
9. Beyond Meat (2020) Beyond Burger®. https://www.beyondmeat.com/products/the-beyond-burger/. Zugegriffen: 2.1.2020Impossible®. (2020) Heme+The science behind Impossible®. https://impossiblefoods.com/heme/. Zugegriffen: 2. Jan. 2020
10. Bobo J (2015) Bioeconomy world tour: bioeconomy innovations – challenges and opportunities. First Bioeconomy Summit, Berlin. http://gbs2015.com/fileadmin/gbs2015/Downloads/Bioeconomy_World_Tour.pdf. Zugegriffen: 12. Jan. 2020
11. Mosa Meat (Niederlande). https://www.mosameat.com. Zugegriffen 13. Jan. 2020
12. VTT (2018) Tasty superfood from plant cell cultures. https://www.vttresearch.com/media/news/tasty-superfood-from-plant-cell-cultures. Zugegriffen: 13. Jan. 2020
13. Modern Meadow (USA). http://www.modernmeadow.com. Zugegriffen: 13. Jan. 2020
14. FinanzNachrichten.de (2020) IPO-Kalender Börsenkandidaten -Stand 29. Jan. 2020. https://www.finanznachrichten.de/nachrichten-2020-01/48717795-ipo-kalender-boersenkandidaten-stand-29-01-2020-015.htm. Zugegriffen: 10. Febr. 2020

15. Merck (2018) The future of meat; cell-grown meat by 2021. https://www.merckgroup.com/nl-en/news/2018-17-07-cell-grown-meat-.html. Zugegriffen: 13. Jan. 2020
16. Evonik (2019) Evonik investiert in Start-up zur Herstellung von lederähnlichen Materialien nicht-tierischen Ursprungs. https://corporate.evonik.de/de/pages/article.aspx?articleId=117438. Zugegriffen: 13. Jan. 2020
17. UBA (2018) Phosphorrückgewinnung aus Klärschlamm wird zur Pflicht. https://www.umweltbundesamt.de/themen/phosphorrueckgewinnung-aus-klaerschlamm-wird-zur. Zugegriffen: 17. Jan. 2020
18. Cropenergies. Zeitz, Deutschland: Die effizienteste Bioethanolanlage Europas. http://www.cropenergies.com/de/Unternehmen/Standorte/Zeitz/. Zugegriffen: 12. Jan. 2020
19. Industriepark Höchst (2020) Biogaserzeugung – Zukunftsweisende Energiegewinnung aus biologischen Abfällen. https://www.industriepark-hoechst.com/de/stp/menue/powered-by-infraserv/leistungen/entsorgung/biogaserzeugung/. Zugegriffen: 2. Jan. 2020
20. Ausfelder F, Dura HE (2018) Optionen für ein nachhaltiges Energiesystem mit power-to-x Technologien. Dechema. <https://dechema.de/dechema_media/Downloads/Positionspapiere/2018_Power_to_X.pdf. Zugegriffen: 2. Jan. 2020
21. IEA (2005) Building the cost curves for CO2 storage: European sector. International Energy Agency Cheltenham UK (Hrsg) IEA GHG Report, 2005/2
22. IEA (2005) Building the cost curves for CO2 storage: North-American sector. International Energy Agency Cheltenham UK (Hrsg) IEA GHG Report, 2005/3
23. ConcordBlue (2019) World-wide facilities. https://www.concordblueenergy.com/worldwide-facilities.aspx. Zugegriffen: 12. Jan. 2020
24. thyssenkrupp (2019) Unser Projekt Carbon2Chem®. https://www.thyssenkrupp.com/de/newsroom/content-page-162.html. Zugegriffen: 2. Jan. 2020

25. Berg S, Kircher M, Preschitschek N, Bröring S, Schurr U. (2017) Die Bioökonomie als Kreislauf- und Verbundsystem. In: Pietzsch J (Hrsg) Bioökonomie für Einsteiger. Springer, Deutschland
26. Holmgren J (2019) Becoming carbon smart. IFIB 2019. Neapel; Italien. Zugegriffen: 1. Okt. 2019
27. De Tissera S et al (2019) Syngas biorefinery and syngas utilization. Adv Biochem Eng Biotechnol 166:247–280. https://doi.org/10.1007/10_2017_5
28. Haas T, et al (2018) Technical photosynthesis involving CO_2 electrolysis and fermentation. Nat Catal 1:32–39. https://www.nature.com/articles/s41929-017-0005-1?WT.feed_name=subjects_photocatalysis. Zugegriffen: 2. Jan. 2020
29. Evonik Nachhaltigkeitsbericht. https://corporate.evonik.com/Downloads/Corporate%20Responsibility/Evonik_Nachhaltigkeitsbericht_2018.pdf. Zugegriffen: 11. Febr. 2020
30. Acatech, Leopoldina, Akademienunion (2017) „Sektorkopplung" – Optionen für die nächste Phase der Energiewende. https://www.acatech.de/publikation/sektorkopplung-optionen-fuer-die-naechste-phase-der-energiewende/. Zugegriffen: 12.1.2020
31. Bauer F, Stern M (2020) Power-to X im Kontext der Energiewende und des Klimaschutzes in Deutschland. Chem Ing Tech 92(1–2):80–85. https://doi.org/10.1002/cite.201900167
32. EC (2018) Ein sauberer Planet für alle – Eine Europäische strategische, langfristige Vision für eine wohlhabende, moderne, wettbewerbsfähige und klimaneutrale Wirtschaft. https://eur-lex.europa.eu/legal-content/DE/TXT/PDF/?uri=CELEX:52018DC0773&from=DE. Zugegriffen: 2. Jan. 2020

33. Dechema, Future Camp Climate (2019) ROADMAP CHEMIE 2050 – Auf dem Weg zu einer treibhausgasneutralen chemischen Industrie in Deutschland. https://dechema.de/dechema_media/Downloads/Positionspapiere/2019_Studie_Roadmap_Chemie_2050-p-20005590.PDF. Zugegriffen: 3. Jan. 2020
34. Port of Rotterdam (2019) H-vision: blue hydrogen for a green future. https://www.portofrotterdam.com/en/news-and-press-releases/h-vision-blue-hydrogen-for-a-green-future. Zugegriffen: 8. Jan. 2020
35. GetH2 (2020) Mit Wasserstoff bringen wir gemeinsam die Energiewende voran. https://www.get-h2.de. Zugegriffen: 19. März. 2020

7

Den Übergang in die Bioökonomie gestalten

> **Zusammenfassung**
> Die starke Wettbewerbsposition, das Beschäftigungspotenzial und die Wertschöpfung sprechen dafür, in Deutschland insbesondere die stoffliche Verwertung von biogenen Rohstoffen in der Chemie- und Pharmaindustrie voranzutreiben. Die Rahmenbedingungen müssen dafür so weiterentwickelt werden, dass das Potenzial der Rohstoffwende und der Kohlenstoffrezyklierung vollständig gehoben werden kann. Bis 2050 zeichnet sich nicht nur ein erheblicher Investitionsbedarf ab; alle Akteure, d. h. Wirtschaft, Wissenschaft und Lehre, Finanzsektor, Politik und öffentliche Verwaltung sowie die Gesellschaft an sich müssen das Konzept der Bioökonomie und Kreislaufwirtschaft gemeinsam tragen und realisieren.

Für die Rohstoffwende von fossilen zu nachwachsenden Rohstoffen gibt uns das Pariser Klimaabkommen bis 2050 noch 30 Jahre Zeit. Angesichts der Dimension der Aufgabe, wesentliche Teile der Wirtschaft und der Infrastruktur für die Bioökonomie umzubauen und zugleich dafür gesellschaftliche Akzeptanz zu gewinnen, sind drei Jahrzehnte knapp bemessen. Es gilt deshalb, den Wandel zügig und energisch anzugehen. Wie der Wandel in Deutschland tatsächlich vorankommt, wie er weiterentwickelt werden kann und welche Rolle der Bioökonomie dabei zukommt, ist Thema dieses Kapitels.

7.1 Biomassenutzung priorisieren

Deutschland verfügt glücklicherweise heute schon über die Branchen, die den gesamten Kreislauf der Bioökonomie abbilden. Biomasse wird von der Land- und Forstwirtschaft *produziert*, von den Branchen der konventionellen Bioökonomie (Nahrungsmittel-, Holz- und Papierindustrie) *verarbeitet*, der Chemie- und Pharmaindustrie sowie der Energiewirtschaft, also der modernen Bioökonomie, in Produkte *umgewandelt*, und die Abfallwirtschaft *verwertet* und *recycelt* Abfälle. Wachstumspotenzial besteht für die moderne Bioökonomie sowohl in der stofflichen als auch in der energetischen Verwertung von Biomasse. Angesichts der begrenzten Kapazitäten für die nachhaltige Produktion von Biomasse wird es allerdings ratsam sein, Prioritäten zu setzen.

7.1.1 Energetische Verwertung

Laut einer Studie der Fachagentur Nachwachsende Rohstoffe könnte der Anteil der Bioenergie am deutschen Primärenergieverbrauch von heute 7 % bis zum Jahr 2050 auf 26 % gesteigert werden [1]. Einen Teil der Energie sollen Holzreste und Abfälle liefern. Für den größten Anteil aber werden Energiepflanzen vorgeschlagen, die unter anderem auf Flächen kultiviert würden, die wegen

7 Den Übergang in die Bioökonomie gestalten

eines voraussichtlich zu erwartenden Rückgangs der Bevölkerung für die Ernährung nicht mehr gebraucht werden. Ob angesichts der wachsenden Weltbevölkerung Flächen tatsächlich frei werden und keine hochwertigere Verwendung als die Energieerzeugung finden, wird die Zukunft weisen (Kasten 7.1). Der große Flächenbedarf, die Treibhausgase der Landwirtschaft, der Wettbewerb mit anderen emissionsfreien Energien und die kurzen Wertschöpfungsketten der Bioenergie, die nur wenige Arbeitsplätze schaffen, sind ökologische, ökonomische und soziale Faktoren, die nahelegen, die Bioenergie eher auf die Reststoffe der Kaskadennutzung anderer Verfahren zu verweisen.

> **Kasten 7.1 Flächenfußabdruck**
>
> Der Flächenfußabdruck gibt an, wieviel Fläche für die Produktion von Biomasse für bestimmte Zwecke gebraucht wird. Deutschland konsumiert Agrarprodukte, die auf 22 Mio. ha angebaut werden; davon liegen 12 Mio. im Inland und 10 Mio. ha im Ausland. Zusätzlich verarbeitet Deutschland den Ertrag von 30 Mio. ha Wald, davon sind nur 25 % deutsche Waldflächen [2]. Deutschland hat also einen erheblichen Flächenfußabdruck sowohl im In- wie im Ausland.

7.1.2 Stoffliche Verwertung

Priorität sollte eher der stofflichen Verwertung gegeben werden. In Deutschland hat die Chemie- und Pharmaindustrie besonderes Potenzial. Im globalen Vergleich ist die deutsche Chemie- und Pharmaindustrie die Nummer eins in Europa und steht nach China, den USA und Japan auf Platz vier der Weltrangliste. Der Umsatz pro Arbeitsplatz sowie die Wertschöpfung sind für die Biomasseumwandlung, also Chemie und Pharma, höher als für die

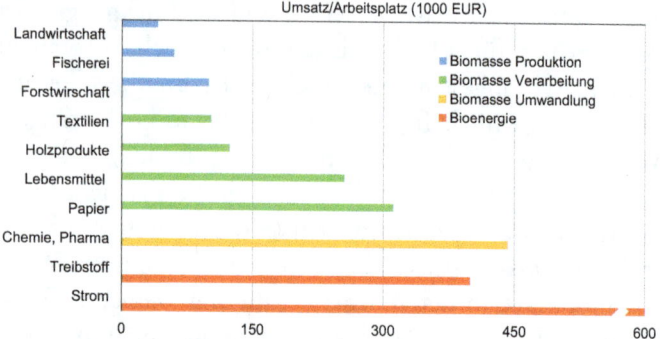

Abb. 7.1 Umsatz pro Arbeitsplatz in biobasierten Branchen (EU). (Zum Umsatz pro Arbeitsplatz in den Bereichen Treibstoff und Strom sei angemerkt, dass hier die Preisbildung wegen staatlicher Eingriffe nicht mit der anderer Sektoren direkt vergleichbar ist.)

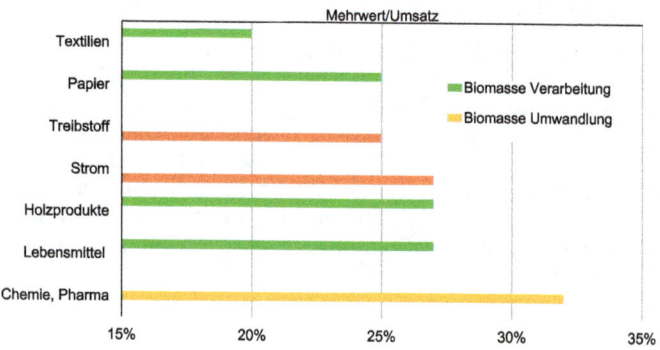

Abb. 7.2 Wertschöpfung in verschiedenen Branchen der Bioökonomie

Biomasse produzierenden und verarbeitenden Bereiche (Abb. 7.1 und 7.2). Deshalb erzeugen diese Branchen rund 10 % des Umsatzes im produzierenden Gewerbe, obwohl sie dort nur 6 % der Arbeitsplätze stellen (das produzierende Gewerbe beschäftigt in Deutschland 7,4 Mio. Menschen und erzeugt insgesamt einen Umsatz von 2200 Mrd. EUR [3]). Die Begründung liegt in der hohen Funktionalisierung der Produkte und der Vielzahl der Verarbeitungsstufen bis zu den vielfältigen Endprodukten. Die hervorragende Wettbewerbsposition, das ökonomische Potenzial und die hohe Beschäftigung sprechen deshalb dafür, in Deutschland biogene Kohlenstoffquellen bevorzugt in die Chemie- und Pharmaindustrie zu leiten. Dabei sieht sich die Chemieindustrie weniger als Betreiber von Bioraffinerien, sondern eher als Abnehmer von deren Produkten [4]. Bioraffinerien haben für die Chemie also die Funktion, Ausgangsprodukte zu liefern, die zum größeren Teil chemisch-synthetisch weiterverarbeitet werden. (So wird beispielsweise für den Biokunststoff PLA der Ausgangsstoff Milchsäure fermentativ aus Zucker produziert und danach ausschließlich chemisch weiterverarbeitet. Auch für Bioethylen wird der Ausgangsstoff Ethanol fermentativ aus Zucker produziert; die weiteren Verarbeitungsschritte sind chemokatalyisch.) Es geht also nicht darum, die konventionelle Chemie abzulösen, sondern die Bioökonomie in die langen Wertschöpfungsketten der Chemie zu integrieren [4].

7.2 Branchenintegration, Kaskadennutzung und Kreislaufwirtschaft

Für die Rohstoffwende in der deutschen Chemieindustrie müssen wir die Dimension des immer wieder angesprochenen Rohstoffbedarfs im Blick haben. Die deutsche Chemieindustrie verarbeitet in der Grundchemie rund 20 Mio. t Kohlenstoff aus fossilen Quellen [5]. Dieser Bereich ist für fast 90 % der Treibhausgasemissionen der Chemieindustrie verantwortlich [6] und sollte allein schon deshalb die Rohstoffwende vorrangig angehen. Biomasse und die Reststoffe industrieller Prozessketten aus der Koppel- und Kaskadennutzung bieten ein heimisches Rohstoffpotenzial, das um die Abfall- und Reststoffmengen der kommunalen Wirtschaft ergänzt werden kann. In unseren Städten fallen erhebliche Mengen an Grünschnitt von Parks und Sportanlagen, an Lebensmittelabfällen (braune Tonne), Klärschlamm sowie Gärresten und Kohlenstoffdioxid der Biogaserzeugung an. Bislang werden diese Abfälle kompostiert, energetisch verwertet oder im Fall von Kohlenstoffdioxid gar nicht genutzt. Dabei sind auch diese Materialien grundsätzlich für die stoffliche Verwertung geeignet. Kurzfristig werden derartige Optionen im direkten Wettbewerb mit fossilen Rohstoffen nicht wettbewerbsfähig sein; dazu sind die notwendigen Wertschöpfungsketten zu komplex und kostenaufwendig. Viele Industrieunternehmen stellen sich aber darauf ein, dass diese Situation sich ändern, der Bedarf an biogenen Kohlenstoffquellen zunehmen und das Rohstoffangebot knapp werden wird. Unternehmen, die dann auch kommunale Abfälle verwerten könnten, werden einen Wettbewerbsvorteil haben. Das gilt natürlich auch für Städte und Regionen, die über geeignete Abfallrohstoffe verfügen und sich so als künftige Industriestandorte empfehlen. Auf ein solches Szenario bereiten sich derzeit Unternehmen und Städte in der Metropolregion Frankfurt/Rhein-Main vor, wo private und kommunale Unternehmen, Forschungseinrichtungen und die kommunale Verwaltung gemeinsam die stoffliche Verwertung von regionalen Abfällen und Reststoffen vorbereiten (s. A.23 im Anhang). Dass erst ein Rohstoffmix aus Biomasse, Reststoffen und Kohlenstoffdioxid eine nachhaltige Alternative zu fossilen Kohlenstoffquellen ergibt, ist auch das Ergebnis einer Studie, die vorschlägt,

7 Den Übergang in die Bioökonomie gestalten

bis 2050 Biomasse, Kunststoffabfälle und Kohlenstoffdioxid zu den drei wesentlichen Rohstoffen der deutschen Chemieindustrie zu entwickeln [5] (Abb. 7.3). Einige Unternehmen entwickeln bereits Verfahren zum Kunststoffrecycling (Kasten 7.2) und bereiten sich damit auf die von der EU geforderte Kohlenstoffkreislaufwirtschaft vor (die EU plant eine Recyclingquote für Verpackungskunststoffe von 50 % bis 2025 und von 55 % bis 2030 [7]). Dabei sei betont, dass diese heute für fossilbasierte Kunststoffe erforschten Methoden später auch für Bioplastik geeignet sein werden.

Ein besonderes Gewicht wird in dem zukünftigen Rohstoffmix Kohlenstoffdioxid zukommen [8]. Gute Voraussetzungen für dessen Verwertung bieten Chemiestandorte, die über Wasserstoff verfügen, der als Nebenprodukt anderer Verfahren anfällt. Wo das nicht der Fall ist, müsste Wasserstoff unter Verbrauch von Strom erzeugt werden. Eine Studie hat ergeben, dass die Kapazität der heutigen Stromerzeugung ausreichen würde, um 2050 den Bedarf der Chemieindustrie für die Rezyklierung von

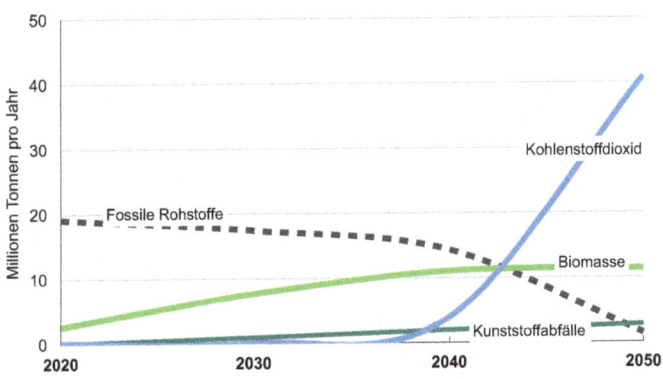

Abb. 7.3 Entwicklung des Rohstoffportfolios der deutschen Chemieindustrie, um Klimaneutralität zu erreichen

Kohlenstoffdioxid zu decken. (Der Energieverbrauch der Chemieindustrie würde 684 TWh betragen; 2018 betrug der Gesamtstromverbrauch in Deutschland 557 TWh [5]). Mit anderen Worten, die Stromproduktion müsste mindestens verdoppelt werden, wobei mit dem IT-Bereich ein weiterer stromverbrauchender Sektor heranwächst, der bei der Kapazitätsplanung der Stromproduktion zusätzlich zu berücksichtigen wäre [9]. Angesichts des schon heute schwierigen Ausbaus der erneuerbaren Stromerzeugung fällt es allerdings schwer, sich eine derartig vergrößerte Kapazität in Deutschland vorzustellen. Aber können wir stattdessen nicht Strom oder Biomethan als Energiespeicher importieren? Auch aus Kohlenstoffdioxid produziertes Methanol käme infrage, denn auf Methanol lassen sich die Synthesen zu vielfältigen Chemieprodukten aufbauen [10]. Genauso wie heute werden wir einen Teil des Stroms, der Energieträger und Kohlenstoffquellen auch in Zukunft importieren [11], und deshalb muss die deutsche Bioökonomie in die europäische Bioökonomie und Energieversorgung integriert werden (Kasten 7.3).

Kasten 7.2 Plastikrecycling

Seit 2018 kooperiert die deutsche Remondis, ein führendes Unternehmen der Abfallwirtschaft, mit dem finnischen Chemieunternehmen Neste in der Rezyklierung von Kunststoffen. Bis 2030 soll eine Kapazität für die Verflüssigung von 1 Mio.t Plastikabfällen als Rohstoff für neue Produkte aufgebaut werden. Ines Styrolution arbeitet am chemischen Abbau von Kunststoffabfällen auf der Basis von Polystyrol, um aus den gewonnenen Einheiten wieder neue Polystyrolprodukte zu erzeugen. Einen ähnlichen Weg, allerdings auf biotechnologischer Basis, geht das französische Start-up Cabios. Es entwickelt Enzyme, die den für Flaschen viel verwendeten Kunststoff PET abbauen können, um daraus ebenfalls wieder neue Flaschen zu erzeugen. An dem Projekt beteiligen sich große Firmen wie PepsiCo und Nestlé Waters, welche die Pflicht zur

Rezyklierung ihrer Flaschen auf sich zukommen sehen. Die EU schreibt nämlich ab 2025 eine Recyclingrate von 50 % für Plastikverpackungen vor.

Kasten 7.3 Import nachhaltiger Energien

2009 wollten Unternehmen wie RWE, E.on, Siemens, die Deutsche Bank und ABB in der gemeinsamen Desertec Industrial Initiative (DII) die Vision realisieren, in der nordafrikanischen Wüste Solarstrom für den regionalen Markt und den Export nach Europa zu produzieren. Die Rede war von einer Kapazität von 15 % des europäischen Bedarfs. Doch das Projekt wurde aus wirtschaftlichen und politischen Gründen eingestellt. Stellt sich da nicht die Frage, ob Südeuropa nicht auch Potenzial für eine solche Vision hätte?

Eine andere Option ist Island mit seinen großen Möglichkeiten, Strom geothermisch zu erzeugen. Dort könnte Kohlenstoffdioxid mittels dieses Stroms umweltfreundlich methanisiert und exportiert werden. Das Unternehmen Carbon Recycling International produziert in Island seit 2012 aus Kohlenstoffdioxid und Wasserstoff e-Methanol. Ein ähnliches, von thyssenkrupp Industrial Solutions entwickeltes Verfahren zu Methanol wird von VärmslandMetanol AB in Schweden betrieben.

Gemeinsam ist diesen Vorschlägen, bei erneuerbaren Energien nicht bevorzugt auf heimische Produktion zu vertrauen, sondern eine grenzüberschreitende Infrastruktur zu schaffen.

7.3 Rahmenbedingungen

Die bisherigen Überlegungen haben die Notwendigkeit gezeigt, für die stoffliche Nutzung die ganze Vielfalt erneuerbarer Kohlenstoffquellen zu verwenden. In diesem Abschnitt soll diskutiert werden, ob und wie die Rahmenbedingungen die Rohstoffwende tatsächlich fördern.

7.3.1 Rohstoffwende

Wichtige Komponenten der den Klimaschutz betreffenden Rahmenbedingungen sind das Erneuerbare-Energien-Gesetz (EEG), das Energiesteuergesetz und das Europäische Emissionshandelssystem (EHS). Sie haben den Rahmen dafür gesetzt, dass die energiebedingten Emissionen und die Emissionen von Industrieprozessen seit 1990 gesenkt wurden (Abb. 7.4).

Zu den Industrieprozessen gehört auch die Chemieindustrie, die ihre Emissionen seit 2005 um 26 % gesenkt und gleichzeitig die Produktion gesteigert hat [12]. Aber trotz dieser beeindruckenden Reduktion sind heute nur 4 % der Chemieprodukte biobasiert, und zwar ausschließlich in der kleinvolumigen Spezial- und Feinchemie. Wie ist das zu erklären?

Um diesen scheinbaren Widerspruch aufzulösen, müssen wir uns das EHS ansehen (Kasten 7.4). Das EHS legt europaweit für bestimmte Branchen ein für alle gemeinsames Emissionsvolumen fest. Unternehmen dieser Branchen müssen sich das Recht, ein bestimmtes Volumen Treibhausgas zu emittieren, im Voraus kaufen;

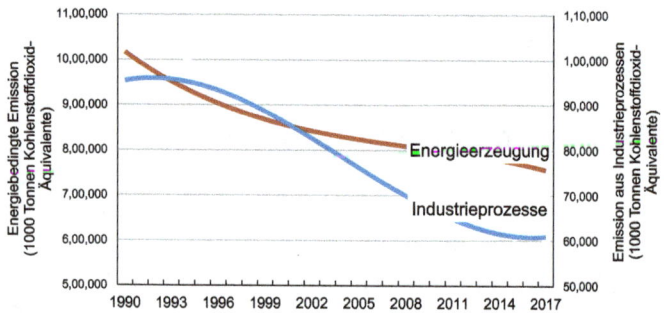

Abb. 7.4 Die Emission von Treibhausgasen verschiedener Sektoren (Deutschland)

7 Den Übergang in die Bioökonomie gestalten

diese Rechte sind in Form von Zertifikaten frei handelbar. Ihre Zahl wird jährlich reduziert, sodass die gesamte Emission abgesenkt wird. Dabei bleibt es den Unternehmen überlassen, wie sie das erreichen. So entsteht ein Anreiz, emissionsärmer zu produzieren. Zu den Branchen, die dem EHS unterliegen, gehört auch die europäische Chemieindustrie (Abb. 7.5; s. A.24 im Anhang).

> **Kasten 7.4 EU-Emissionshandelssystem (EU-EHS)**
>
> Das 2005 eingeführte EU-Emissionshandelssystem (EU-EHS) ist ein Kernelement der EU-Politik zur kostenwirksamen Verringerung der industriellen Treibhausgasemissionen. Es ist der weltweit erste bedeutende und bislang auch größte Kohlenstoffmarkt, der 31 Länder (alle 28 EU-Länder sowie Island, Liechtenstein und Norwegen) umfasst. Die Betreiber von mehr als 11.000 energieintensiven Anlagen der Stromerzeugung und der verarbeitenden Industrie sowie Fluggesellschaften sind verpflichtet, Rechte für das Ausstoßen von Treibhausgasen zu kaufen. Diese Anlagen sind für rund 45 % der Treibhausgasemissionen in der EU verantwortlich. Das Handelssystem arbeitet mit festen Obergrenzen („cap and trade") für das Volumen der Emissionsrechte. Ihre Anzahl wird jährlich um 1,74 % reduziert und damit auch das Gesamtvolumen an erlaubter Emission.

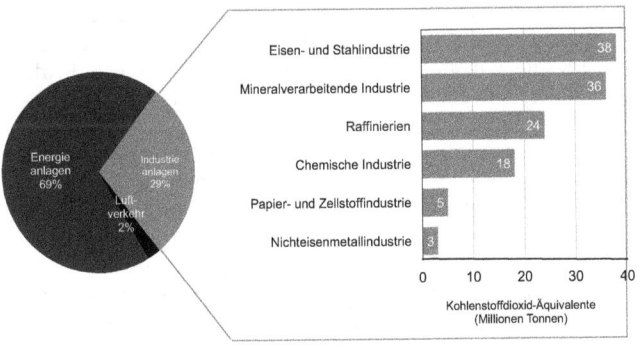

Abb. 7.5 Verteilung der Zertifikate auf die Branchen des EHS

Unternehmen, die emittieren, müssen entsprechende Rechte am Markt kaufen; solche, die ihre Emission verringert haben, können nicht mehr benötigte Emissionsrechte verkaufen. Seit 2017 ist der Preis von 5 EUR pro Tonne Kohlenstoffdioxid-Äquivalent auf heute 29 EUR gestiegen. Bis 2050 wird eine schrittweise Erhöhung auf bis zu 100 EUR angenommen. Auf diese Weise wird das Emissionsvolumen insgesamt einerseits jährlich gesenkt, und andererseits werden Emissionen dort eingespart, wo es technisch möglich und wirtschaftlich attraktiv ist. In Deutschland fließen die Auktionserlöse in den „Energie- und Klimafonds", mit dem die Bundesregierung Klimaschutzmaßnahmen finanziert. Heute belastet das EHS die deutsche Chemieindustrie mit 1,3 Mrd. EUR. Insgesamt verfügt die Chemieindustrie nur über einen kleinen Teil der Emissionsrechte; europaweit sind es 4,2 % aller Zertifikate. Weitere EHS sind oder werden in Kanada, China, Japan, Neuseeland, Südkorea, in der Schweiz und den USA eingeführt. Das EU-EHS hat gezeigt, dass eine Bepreisung von Kohlenstoffdioxidemissionen und ein Handel mit entsprechenden Emissionsrechten funktionieren kann. Die Emissionen der vom System erfassten Anlagen gehen planmäßig zurück. Im Jahr 2020 werden die Emissionen der erfassten Sektoren 21 % unter dem Niveau von 2005 liegen. Im Jahr 2030, nach der Überarbeitung des Systems, sollen die Emissionen 43 % niedriger liegen [13].

Um zu erkennen, wie das EHS auf die Chemieindustrie wirkt, müssen wir uns die beiden mit Chemieprodukten verbundenen Emissionsquellen ansehen:

- Die eine Quelle ist die Energieerzeugung für die Produktionsprozesse. Unabhängig davon, ob die Energie von außen eingekauft oder in eigenen Kraftwerken produziert wird, muss das Unternehmen für die damit verbundene Emission Zertifikate kaufen. Tatsächlich haben einige Chemieunternehmen veröffentlicht, dass sie sich bezüglich Energieeinsparung und der Verwendung erneuerbarer Energien anspruchsvolle Ziele gesetzt haben (s. A.25 im Anhang). Hier wirkt das EHS emissionsmindernd.
- Die andere Quelle ist der in den Chemieprodukten enthaltene Kohlenstoff. Er wird als Kohlenstoffdioxid freigegeben, wenn die Produkte nach Gebrauch durch die bei uns übliche Abfallverbrennung energetisch

7 Den Übergang in die Bioökonomie gestalten

verwertet werden (s. A.26 im Anhang). Das bei der Abfallverbrennung emittierte Kohlenstoffdioxid wird allerdings der Abfallwirtschaft zugeordnet, die dem EHS nicht unterliegt.

Für die Senkung dieser produktbedingten Emission gibt das EHS also keinen Anreiz, und tatsächlich kündigt die Chemieindustrie die Rohstoffwende hin zu biobasierten Produkten oder solchen, die rezyklierten Kohlenstoff enthalten, auch nicht ausdrücklich an. Offensichtlich folgen die Unternehmen genau den Rahmenbedingungen des EHS. Deshalb bleibt der Anteil biobasierter Produkte bei nur 4 % stecken, und die Umstellung der großvolumigen Grundchemie hat noch gar nicht begonnen. Es ist deshalb erforderlich, das EHS in Richtung Rohstoffwende und Kreislaufwirtschaft weiterzuentwickeln. Erst die Einbeziehung aller Branchen entlang der Produktions-, Nutzungs- und Entsorgungskette in das EHS würde die Unternehmen drängen, biogene oder rezyklierte Kohlenstoffquellen zu verwenden, und zwar dann, wenn die Kosten der Emissionszertifikate die Mehrkosten der Kreislaufführung übersteigen.

Dass die Rahmenbedingungen verbessert werden müssen, hat die Bundesregierung erkannt und kündigt deshalb in der Nationalen Bioökonomiestrategie verbesserte Rahmenbedingungen an (Kasten 7.5).

Kasten 7.5 Handlungsfelder der Nationalen Bioökonomiestrategie

Die Nationale Bioökonomiestrategie beschreibt politische Handlungsfelder, für die die Bundesregierung in den kommenden Jahren konkrete Maßnahmen ankündigt. Das betrifft die Minderung des Flächendrucks, die Sicherstellung der nachhaltigen Erzeugung und Bereitstellung biogener Rohstoffe, den Aufbau und die Weiterentwicklung bioökonomischer Wertschöpfungsketten und -netze, Instrumente zur Markteinführung und Etablierung biobasierter Produkte, Verfahren und Dienstleistungen, die Sicherstellung politischer Kohärenz, die Nutzung des Bioökonomiepotenzials für die Entwicklung ländlicher Räume sowie die Nutzung der Digitalisierung für die Bioökonomie [14].

7.3.2 Kohlenstoffrezyklierung

Auf die Rezyklierung von Kohlenstoff hat das EHS eine hemmende Wirkung. Es bepreist fossilbasiertes Kohlenstoffdioxid nämlich an der Emissionsquelle, also am Kraftwerk, am Zementwerk oder an der Chemieanlage. Ob diese Emission in die Atmosphäre entlassen, abgeschieden oder wiederverwendet wird, spielt keine Rolle. Ein Unternehmen, das seine Emission wieder in eine Produktion einspeist, muss also trotzdem die Kosten des EHS und zusätzlich die der Abscheidung, Reinigung und Verarbeitung der Emission tragen. Es ist offensichtlich, dass dies eine echte Hürde für die Einführung von Rezyklierungsverfahren darstellt.

Zu den Rahmenbedingungen bezüglich der Kohlenstoffrezyklierung gehören auch die hohen Stromkosten in Deutschland [15, 16]. Auf den genutzten Strom fallen erhebliche Entgelte, Umlagen und Abgaben an, die einen wirtschaftlichen Betrieb erschweren [17]. Deshalb wird vorgeschlagen, die Erlöse des EHS zur Abschaffung der Stromsteuer und zur Absenkung der EEG-Umlage zu verwenden [18]. Eine solche Maßnahme könnte dazu beitragen, die Chemie- und Treibstoffwirtschaft schneller mit dem Energiesektor zu integrieren und Kapazitäten für die Kohlenstoffrezyklierung aufzubauen.

Und noch ein weiterer Faktor hemmt die Rezyklierung von Kohlenstoffdioxid aus fossilen Quellen: Die entstehenden Produkte werden nämlich biobasierten Produkten nur gleichgestellt, wenn sie unter ganz bestimmten Bedingungen hergestellt werden [19]. Andernfalls darf beispielsweise Ethanol aus rezykliertem

7 Den Übergang in die Bioökonomie gestalten

Kohlenstoffdioxid nicht im Rahmen der Treibstoffquote angerechnet werden. Wenn dieses Kohlenstoffdioxid aber in die Atmosphäre emittiert, durch die Photosynthese in Biomasse umgewandelt und später zu Bioethanol fermentiert wird, entspricht es der Europäischen Kraftstoffrichtlinie zur Beimischung in Benzin. Ist das nicht ein Widerspruch? Noch dazu werden wesentliche Details der Richtlinie erst 2020 und 2021 festgelegt, was Entscheidungen von Investoren verständlicherweise verzögert. Zwar sind die resultierenden Produkte streng genommen fossilen Ursprungs, aber immerhin würden sie die Emission in die Atmosphäre mindern und noch dazu zur beschleunigten Optimierung der Verfahren beitragen. Außerdem sieht der Energiemix der EU [20] (Abb. 7.6) auch noch 2050 einen Anteil von 5 % fossiler Energie-

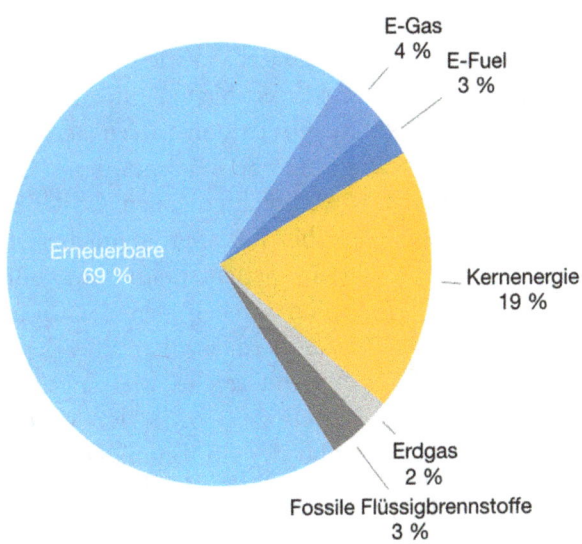

Abb. 7.6 Energiemix der EU im Jahr 2050 zur Erreichung des 1,5 °C-Ziels mit Netto-Null-Emission

träger vor, für dessen Emissionen Senken geschaffen werden müssen.

Emissionen aus Biogas- oder Fermentationsanlagen unterliegen dem EHS nicht. Das ist einerseits nachvollziehbar, weil diese Emissionen biogenen Ursprungs sind und damit als klimaneutral eingestuft werden. Auf der anderen Seite würde auch deren Rezyklierung eine Kohlenstoffsenke darstellen, auf die nicht verzichtet werden sollte. Noch sehr viel mehr Emissionen werden von fossilbasierten Anlagen abgegeben. Bis zu deren Auslaufen könnten auch diese Emissionen verwertet werden. Auch hier wirken die heutigen Rahmenbedingungen nicht umfassend fördernd.

7.3.3 Unternehmensziele

Zu den Rahmenbedingungen gehört auch, dass die Kundenerwartung „Nachhaltigkeit" sich zunehmend als Wettbewerbsfaktor etabliert. Viele Unternehmen verwenden deshalb Umweltzertifikate, um die Nachhaltigkeit ihrer Produkte zu demonstrieren (s. Tabelle unter A.27 im Anhang). Große börsennotierte Unternehmen sind seit 2017 verpflichtet, einen CSR-Bericht (Corporate Social Responsibility) zu veröffentlichen. Dort werden auch die Emissionen berichtet, und zwar solche, die der eigenen Produktion entstammen (SCOPE 1), solche, die bei der Produktion zugekaufter Energien entstanden sind (SCOPE 2), und solche, die eingekauften Materialien und Dienstleistungen sowie der Weiterverarbeitung, der Nutzung und der Entsorgung zuzuordnen sind (SCOPE3) [21]. Diese umfassende Erfassung ermöglicht es den Unternehmen, die eigene Klimaverträglichkeit zu analysieren und sich Ziele für eine Verringerung des Kohlenstoff-Fußabdrucks zu setzen.

Das Frankfurter Start-up right.basedonscience hat kürzlich die DAX30-Unternehmen dahingehend analysiert, zu welcher Klimaerwärmung ihre veröffentlichten Ziele bis 2050 führen würden, wenn alle Unternehmen ihrer jeweiligen Sektoren so emissionsintensiv wie das analysierte Unternehmen arbeiten würden. Für die sieben analysierten Chemie- und Pharmaunternehmen des DAX ergibt die Berechnung, dass nur eines von sieben Chemie- und Pharmaunternehmen die Emissionen so abzusenken plant, dass in dem verwendeten Modell die Klimaerwärmung unter 2 °C gehalten werden könnte. Auch für die anderen Branchen im DAX ergibt sich ein derart gemischtes Bild (s. Tabellen unter A.28 im Anhang). Einige der Chemieunternehmen haben ihre Ziele veröffentlicht und erläutern, dass sie bevorzugt eine Absenkung der energiebedingten Emissionen planen. Es kann hier nur spekuliert werden, ob im Einzelfall ein Rohstoffwandel der Produkte die Klimaverträglichkeit wesentlich erhöhen würde. Auf jeden Fall ist es notwendig, diese Option zu prüfen, auch wenn das EHS dieses Emissionspotenzial derzeit nicht erfasst.

7.3.4 Internationaler Wettbewerb

Dass sich die Unternehmen unter den gegebenen Rahmenbedingungen so verhalten, ist nachvollziehbar, denn sie stehen im internationalen Wettbewerb und müssen den Wandel aus dem laufenden Geschäft finanzieren. Solange sich die moderne Bioökonomie im Umfeld einer dominanten fossilbasierten Wirtschaft entwickeln muss, ist es eben schwer, die Mehrkosten der Produktion mit biogenen oder rezyklierten Kohlenstoffquellen preislich durchzusetzen. Die Klimakonferenz 2019 in Madrid hat wieder einmal deutlich gemacht, wie schwer es ist, sich auf weltweit verpflichtende Ziele zu einigen (s. A.29 im Anhang).

Immerhin schafft das EHS innerhalb Europas gleiche Bedingungen. Es führt aber zugleich zu Kostennachteilen im Wettbewerb mit außereuropäischen Ländern, die Kohlenstoffdioxid gar nicht oder anders bepreisen. Deshalb ist der Vorschlag interessant, ein Grenzausgleichssystem [18] einzuführen. Das Kohlenstoffdioxidpotenzial von fossilbasierten Produkten, die aus Europa ausgeführt werden, wird vom EHS ausgenommen, und zugleich werden importierte Produkte dem EHS unterworfen. Wegen ihrer hohen Exportquote würde so fast die Hälfte des deutschen Chemieumsatzes begünstigt. Nur für die andere Hälfte, die in Europa produziert und verbraucht wird, würde das EHS gelten. Ob dies ein ausreichender Anreiz ist, die Rohstoffwende intensiver anzugehen, erscheint fraglich. Deshalb sollten Regeln entwickelt werden, wie auch der Exportanteil des in Produkten enthaltenen Treibhausgaspotenzials einer Bepreisung unterworfen werden kann, ohne die Wettbewerbsfähigkeit zu gefährden. Der Vorschlag, zukünftig mit Wirtschaftsregionen zusammenzuarbeiten, die ähnliche Emissionshandelssysteme etablieren [22, 23], weist deshalb in die richtige Richtung.

7.4 Investitionsbedarf

Die Rohstoffwende in die Bioökonomie und zu erneuerbaren Energien erfordert insbesondere in den Bereichen Energie, Treibstoffe und Chemikalien enorme Investitionen. Allein für die Energiewende wird für Deutschland ein Finanzbedarf von jährlich 30 – 60 Mrd. Euro erwartet [24]. Das entspricht 1 – 2 % des Bruttoinlandsprodukts. Hinzu kommt der Rohstoffwandel

7 Den Übergang in die Bioökonomie gestalten

in der chemischen Industrie, insbesondere in der Verarbeitung biogener Rohstoffe und in der Produktion biobasierter Grundchemie. Wenn wir von einem Bedarf von 20 Mio. t Basischemie ausgehen, dann erreicht der Investitionsbedarf für die erforderlichen Bioraffinerien eine Größenordnung von 25 Mrd. EUR. Unter Einbeziehung der übrigen Anpassungen der Chemieindustrie werden Investitionen in Höhe von mehr als 68 Mrd. EUR erwartet, davon zwei Drittel im Bereich der Grundchemie [5]. Hinzurechnen ist noch der Finanzbedarf für rund 3 Mio. t alternativer Flugtreibstoffe [25, 26]. Diese Schätzung soll nur einen Eindruck von der finanziellen Herausforderung vermitteln, auf die sich Staat und Wirtschaft einstellen müssen [27].

Dabei ist es eher unwahrscheinlich, dass sich der Wandel gleichmäßig über drei Jahrzehnte hinzieht. Weil einige Technologien noch Zeit für die Entwicklung brauchen, wird der Löwenanteil der Investitionen erst nach 2040 erwartet [5] (Abb. 7.7). Dabei ist allerdings zu bedenken, dass die Chemieindustrie heute von

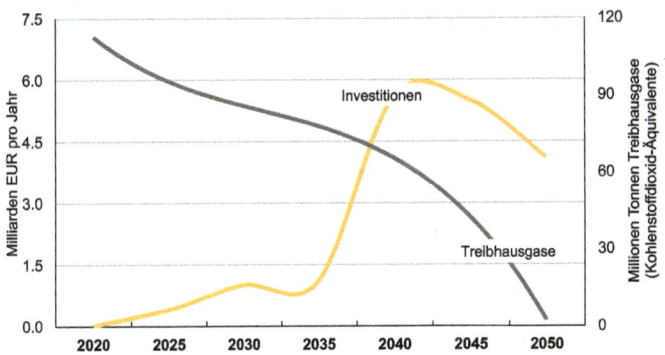

Abb. 7.7 Erwartete Investitionen der deutschen Chemieindustrie und die Entwicklung der Treibhausgasemission, um bis 2050 klimaneutral zu werden

Ölraffinerien abhängt. Wenn die Energiewirtschaft nach und nach zunehmend auf erneuerbare Energien umschwenkt, wird es nicht ausbleiben, dass Raffineriekapazitäten geschlossen werden und damit die Chemie unter Druck gerät, die Rohstoffwende zu beschleunigen.

Diese Entwicklung kommt nicht nur auf Deutschland zu. Weltweit wird für die Energiewende und den Rohstoffwandel in der Chemie ein Finanzbedarf von bis zu 1.600 Mrd. US-Dollar über einen Zeitraum von 30 Jahren angenommen; das entspricht jährlich rund 2 % des globalen Bruttoinlandsprodukts. Hinzu kommt die Sicherung der bereits geschädigten Ökosystemleistungen mit schätzungsweise 200 bis 400 Mrd. US-Dollar pro Jahr [28]. Die Umstellung auf biobasierte Chemikalien und Kraftstoffe und die Aufrechterhaltung der Ökosystemleistungen sind einerseits große Herausforderungen. Sie sind aber zugleich auch attraktive Investitionsgelegenheiten, wenn die Rahmenbedingungen die Geldströme in die richtige Richtung steuern.

7.5 Die Akteure informieren und motivieren

Bisher wurde nur die Wirtschaft als Träger der Rohstoffwende angesprochen. Dabei gibt es weitere gesellschaftliche Akteure, die ebenfalls als Treiber wirken oder mitgenommen werden müssen.

7.5.1 Konsumenten

Der Schlüsselfaktor, mit dem die Konsumenten die Rohstoffwende treiben können, ist die Kundenerwartung „Nachhaltigkeit". Kunden verstehen Nachhaltigkeit sehr

7 Den Übergang in die Bioökonomie gestalten

umfassend, und es gehen neben der Wahrnehmung der ökologischen auch die der ökonomischen und sozialen Nachhaltigkeit in die Bewertung eines Unternehmens bzw. Produkts ein. In Deutschland wurden 2017 zwar nur 4 % des privaten Konsums für ausdrücklich als nachhaltig deklarierte Produkt ausgegeben, aber für 26 % der Konsumenten ist die Nachhaltigkeit von Produkten ein wichtiges Thema, und die Bereitschaft, „grüne" Produkte zu kaufen, nimmt kontinuierlich zu (Abb. 7.8 [29]) [30]. 36 % der Konsumenten geben in Umfragen an, sie seien bereit, Nachhaltigkeit mit einem Preisaufschlag von bis zu 15 % zu honorieren [31]. Ob das auch immer so gelebt wird, ist eine andere Frage. In jedem Fall ist es aber wichtig, die Konsumenten und die breite Gesellschaft vom Abschied von fossilen Rohstoffen und der Vision der Bioökonomie zu überzeugen.

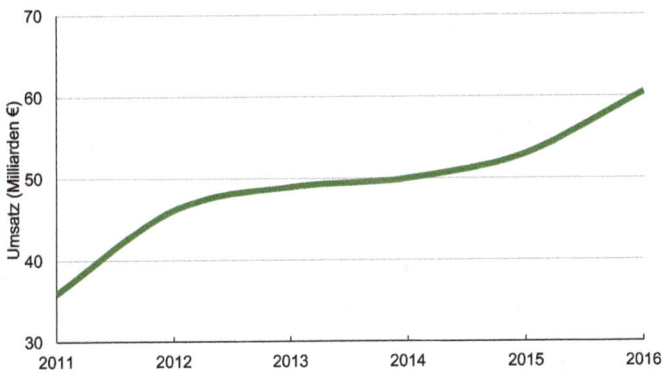

Abb. 7.8 Umsatzentwicklung von als nachhaltig deklarierten Produkten in den Bereichen Ernährung, Wohnen und Mobilität (Deutschland) (UBA)

7.5.2 Wirtschaft

Die Wirtschaft ist der entscheidende Akteur, wenn es um die Etablierung des Rohstoffwandels geht, denn Unternehmen entscheiden über die Entwicklung und Etablierung von Verfahren, die Höhe und den Zeitpunkt von Investitionen und die Markteinführung nachhaltiger Produkte. Unternehmen sind es auch, welche die neuen Versorgungs- und Wertschöpfungsketten der Bioökonomie ausbilden. Von ihrer Initiative hängt der Erfolg des Wandels also ganz entscheidend ab. Gleichzeitig sind sie darauf angewiesen, dass Wissenschaft und Lehre die technischen Grundlagen für neue Verfahren entwickeln und Personal ausbilden.

7.5.3 Wissenschaft und Lehre

Die private und öffentliche Wissenschaft und Lehre spielt im Transformationsprozess eine ebenfalls entscheidende Rolle, denn sie erarbeitet nicht nur die wissenschaftlichen Grundlagen für den technischen, ökonomischen und gesellschaftlichen Wandel, sondern bildet auch den Nachwuchs aus. In Nordrhein-Westfalen haben deshalb drei Hochschulen und das Forschungszentrum Jülich gemeinsam das Bioeconomy Science Center gegründet, das sich auf Forschung für die Bioökonomie konzentriert [32]. Die Universität Hohenheim bietet einen eigenen Master-Studiengang zur Bioökonomie an [33] und hat sich mit fünf weiteren europäischen Universitäten zur Europäischen Bioökonomie Universität zusammengeschlossen [34]. Viele weitere Hochschulen integrieren Inhalte der Bioökonomie in ihre Forschungsprogramme und in die Lehre.

7.5.4 Finanzsektor

Ein weiterer Treiber für die Umsetzung des Rohstoffwandels ist der Finanzsektor, denn Investoren schätzen fossilbasierte Geschäftsmodelle zunehmend als risikobehaftet ein. Dabei spielt auch eine Rolle, dass ein Teil der bereits für die Exploration neuer fossiler Reserven getätigten Investitionen in Milliardenhöhe [35] als verloren gilt, weil sie nach dem Pariser Klimaabkommen nicht mehr gefördert werden dürfen. Beispielsweise tätigt Allianz Global Investors seit 2015 keine neuen Investments in kohlebasierte Geschäfte mehr, und seit 2016 werden derartige Anteile sogar abgestoßen [36]. Auch BNP-Paribas oder die Bank of America haben ähnliche Entscheidungen getroffen [37, 38, 39]. Die Investitionskriterien werden entsprechend den Rahmenbedingungen des Pariser Klimaabkommens überarbeitet und um entsprechende Nachhaltigkeitskriterien ergänzt (Kasten 7.6). Dazu passt, dass die Europäische Investitionsbank angekündigt hat, bis Ende 2021 die Vergabe von Darlehen zu stoppen, welche die Verwertung fossiler Rohstoffe finanzieren [40].

> **Kasten 7.6 Nachhaltigkeitskriterien der Finanzwirtschaft**
>
> Investoren bereiten sich auf die Zeit nach der fossilen Wirtschaft vor und berücksichtigen zunehmend Nachhaltigkeitskriterien. Die Überprüfung von Investitionen auf Übereinstimmung mit den Nachhaltigkeitszielen der UN entwickelt sich zu einem Instrument der Risikobewertung [41]. Marktführer wie BlackRock, Bloomberg, Thomson Reuters, MSCI, Standard & Poor's etablieren Datenbanken und Ratings mit Bezug zur Nachhaltigkeit. Ein Beispiel ist die ESG Scoring Methodik. Sie erfasst 37 umfassende Indikatoren, die im Wesentlichen mit den Nachhaltigkeitszielen der UN (Sustainability Development Goals; SDG) übereinstimmen [42, 43].

7.5.5 Politik und öffentliche Verwaltung

Zuletzt bleiben Politik und öffentliche Verwaltung zu nennen. Die Politik ist mit ihrer Befugnis, die Rahmenbedingungen zu formulieren, natürlich ein ganz entscheidender Akteur. Für die erfolgreiche Umsetzung ist die öffentliche Verwaltung zuständig. Sie ist außerdem derjenige Akteur, der dafür verantwortlich ist, die öffentliche Infrastruktur den Bedingungen des Rohstoffwandels anzupassen. Darüber hinaus nimmt die öffentliche Verwaltung Einfluss auf kommunale Eigenbetriebe, die beispielsweise Energie erzeugen oder Abfälle entsorgen und damit über für den Rohstoffwandel interessante Materialströme verfügen.

7.5.6 Die Akteure vernetzen

Eine der Hürden für den Wandel ist, dass die Akteure im Wesentlichen noch entlang der herkömmlichen Wertschöpfungsketten vernetzt sind. Die Bioökonomie beinhaltet aber andere Wirtschaftssektoren, die ihre jeweiligen Versorgungs- und Wertschöpfungsketten neu ordnen werden und aufeinander abstimmen müssen. Die Entscheidungsträger in diesen Branchen, der kommunalen Wirtschaft, der öffentlichen Verwaltung, der Politik und die Zivilgesellschaft ganz allgemein müssen dabei dem Wandel nicht nur zustimmen, sondern sein Potenzial erkennen und motiviert sein, diesen Wandel gemeinsam zu gestalten. Damit verlässt die Diskussion den theoretischen Raum und wendet sich konkret an Entscheidungsträger in Wirtschaft, Wissenschaft, Politik und Verwaltung. Sie sind es, die dafür verantwortlich sind, in zum Teil ungewohnten Konstellationen in der technisch-wissenschaftlichen Forschung, in der Entwicklung von Geschäftsmodellen, in der Finanzierung von Anlagen und in der Infrastruktur zusammenzuarbeiten. Wirtschaftsverbände, Fachgesellschaften und NGOs vernetzen die Akteure und behandeln Fragen der Bioökonomie (s. A.30 im Anhang).

Darüber hinaus stoßen die Bundesregierung, die Landesregierungen und die EU regelmäßig neue Initiativen zur Kooperation der Akteure in konkreten Projekten an. Dabei geht es um Technologieforschung, die Entwicklung von Modellregionen, den Dialog mit der Gesellschaft oder die statistische Erfassung der Bioökonomie (s. A.31 im Anhang), um nur einige Beispiele zu nennen.

Literatur

1. FNR (2016) Was kann Bioenergie 2050 leisten? https://mediathek.fnr.de/was-kann-bioenergie-2050-leisten.html. Zugegriffen: 3. Jan. 2020
2. UBA (2017) Land-Fußabdruck: Wieviel Landfläche benötigt Deutschlands Konsum? https://www.umweltbundesamt.de/themen/land-fussabdruck-wieviel-landflaeche-benoetigt. Zugegriffen: 21. März. 2020
3. Destatis (2020) Industrie, Verarbeitendes Gewerbe. https://www.destatis.de/DE/Themen/Branchen-Unternehmen/Industrie-Verarbeitendes-Gewerbe/_inhalt.html. Zugegriffen: 3. Jan. 2020
4. DIB (2011) Statusbericht zu möglichen Potenzialen von Bioraffinerien für die Bereitstellung von Rohstoffen in Industrie und Forschung. https://www.vci.de/langfassungen-pdf/statusbericht-zu-moeglichen-potenzialen-von-bioraffinerien-fuer-die-bereitstellung-von-rohstoffen-in-industrie-und-forschung.pdf. Zugegriffen: 3. Jan. 2020

5. Dechema, Future Camp Climate (2019) ROADMAP CHEMIE 2050 – Auf dem Weg zu einer treibhausgasneutralen chemischen Industrie in Deutschland. https://dechema.de/dechema_media/Downloads/Positionspapiere/2019_Studie_Roadmap_Chemie_2050-p-20005590.PDF. Zugegriffen: 3. Jan. 2020
6. Fleiter T, Schlomann B, Eichhammer W (2013) Energieverbrauch und CO2-Emissionen industrieller Prozesstechnologien – Einsparpotenziale, Hemmnisse und Instrumente. Fraunhofer, S. 112. https://www.isi.fraunhofer.de/content/dam/isi/dokumente/ccx/2013/Umweltforschungsplan_FKZ-370946130.pdf. Zugegriffen 3. Jan. 2020
7. Williams D, Burridge E (2019) Chemical recycling: racing to close the loop. https://www.chemanager-online.com/en/topics/economy-business/chemical-recycling-racing-close-loop. Zugegriffen: 16. Jan. 2020
8. Carus M, Raschka A (2018) Erneuerbarer Kohlenstoff ist der Schlüssel zur Zukunft einer nachhaltigen Chemie. nova-Paper 10 #10
9. DENA (2017) Analyse der mit erhöhtem IT-Einsatz verbundenen Energieverbräuche infolge der zunehmenden Digitalisierung. https://www.dena.de/fileadmin/dena/Dokumente/Pdf/9232_dena-Metastudie_Analyse_IT-Einsatz_Energieverbraeuche_Digitalisierung.pdf. Zugegriffen: 12. Jan. 2020
10. Bertau M et al (2014) Methanol: The basic chemical and energy feedstock of the future. Springer, Heidelberg
11. Berendt S (2018) Feedstock Change in der Chemieindustrie. IZT-Text 3-2018. https://www.izt.de/fileadmin/publikationen/IZT_Text_3-2018_Feedstock.pdf. Zugegriffen: 3. Jan. 2020
12. VCI (2019) In der Industrie hat Kohlenstoffdioxid längst einen Preis. https://www.vci.de/nrw/themen/umwelt-klima-energie/klima/in-der-industrie-hat-co2-laengst-einen-preis-diskussion-ueber-modelle-zur-co2-bepreisung.jsp. Zugegriffen: 3. Jan. 2020

13. EC. Klimapolitik-Emissionshandelssystem (EU-EHS). https://ec.europa.eu/clima/policies/ets_de. Zugegriffen: 21. März. 2020
14. BMBF (2020) Nationale Bioökonomiestrategie für eine nachhaltige, kreislauforientierte und starke Wirtschaft. https://www.bmbf.de/de/nationale-biooekonomiestrategie-fuer-eine-nachhaltige-kreislauforientierte-und-starke-10654.html. Zugegriffen: 18. Jan. 2020
15. Eurostat (2018) File: Strompreise für Nichthaushaltskunden, zweites Halbjahr 2017 (in EUR je kWh) FP18-DE.png. https://ec.europa.eu/eurostat/statistics-explained/index.php?title=File:Strompreise_für_Nichthaushaltskunden,_zweites_Halbjahr_2017_(in_EUR_je_kWh)_FP18-DE.png. Zugegriffen: 3. Jan. 2020
16. Marzi T, Deerberg G (2020) CO_2 als Systemkomponente fü Energiespeicher und Rohstoff für Basischemikalien. In: Kircher M, Schwarz T (Hrsg) CO_2 und CO – Nachhaltige Kohlenstoffquellen für die Kreislaufwirtschaft, Springer GmbH, Deutschland
17. DENA (2018) Heutige Einsatzgebiete für Power Fuels. https://www.dena.de/fileadmin/dena/Publikationen/PDFs/2019/181123_dena_PtX-Factsheets.pdf. Zugegriffen: 8. Jan. 2020
18. Felbermayer G, Peterson S, Rickels W (2019) Für ein duales System der CO_2-Bepreisung in Deutschland und Europa. IFW Kiel. https://www.ifw-kiel.de/de/publikationen/kiel-focus/2019/fuer-ein-duales-system-der-co2-bepreisung-in-deutschland-und-europa-0/. Zugegriffen: 3. Jan. 2020
19. EC (2019) Renewable Energy – Recast to 2030 (RED II). https://ec.europa.eu/jrc/en/jec/renewable-energy-recast-2030-red-ii. Zugegriffen: 15. Febr. 2020
20. EC (2018) Ein sauberer Planet für alle – Eine Europäische strategische, langfristige Vision für eine wohlhabende, moderne, wettbewerbsfähige und klimaneutrale Wirtschaft. https://eur-lex.europa.eu/legal-content/DE/TXT/PDF/?uri=CELEX:52018DC0773&from=EN. Zugegriffen: 20. Jan. 2020

21. WWF, CDP (undatiert) Die 15 Scope 3 Kategorien nach dem GHG Protocol. http://www.sustainable.de/wp-content/uploads/2018/09/Zweiseiter-15-Scope-3-Kategorien.pdf. Zugegriffen: 3. Jan. 2020
22. FAZ (30..2019) CDU für gemeinsamen Klimahandel mit China. 302:15
23. Piehl H (2020) A Climate Club as a complementary design to the UN Paris agreement. Policy Design and Practice. https://doi.org/10.1080/25741292.2019.1710911
24. Acatech, Leopoldina, Akademienunion (2017) „Sektorkopplung" – Optionen für die nächste Phase der Energiewende. https://www.acatech.de/publikation/sektorkopplung-optionen-fuer-die-naechste-phase-der-energiewende/. Zugegriffen: 12. Jan. 2020
25. Wikipedia (2020) Kerosin. https://de.wikipedia.org/wiki/Kerosin#Herstellung. Zugegriffen: 3. Jan. 2020
26. EC (2018) Ein sauberer Planet für alle – Eine Europäische strategische, langfristige Vision für eine wohlhabende, moderne, wettbewerbsfähige und klimaneutrale Wirtschaft. https://eur-lex.europa.eu/legal-content/DE/TXT/PDF/?uri=CELEX:52018DC0773&from=GE. Zugegriffen: 20. Jan. 2020
27. Die deutsche Chemie- und Pharmawirtschaft hat 2018 im In- und Ausland 16 Milliarden EUR investiert. VCI (2019) Chemiewirtschaft in Zahlen online. https://www.vci.de/die-branche/zahlen-berichte/chemiewirtschaft-in-zahlen-online.jsp. Zugegriffen: 3. Jan. 2020
28. WWF, Credit Suisse, and McKinsey (2014) Conservation Finance – Moving beyond donor funding toward an investor-driven approach. Online: https://www.cbd.int/financial/privatesector/g-private-wwf.pdf. Zugegriffen: 3. Jan. 2020
29. UBA (2018) "Grüne" Produkte: Marktzahlen. https://www.umweltbundesamt.de/daten/private-haushalte-konsum/konsum-produkte/gruene-produkte-marktzahlen#textpart-1. Zugegriffen: 3. Jan. 2020

30. facit research (2016) Sustainability image score – 2016. https://www.event-partner.de/wp-content/uploads/2017/01/Kurzfassung_Studie.pdf. Zugegriffen: 3. Jan. 2020
31. Statista (2010) Anteil der Verbraucher, die mehr für Nachhaltigkeit bezahlen würden. https://de.statista.com/statistik/daten/studie/167620/umfrage/anteil-der-verbraucher-die-mehr-fuer-nachhaltigkeit-bezahlen-wuerden/. Zugegriffen: 3. Jan. 2020
32. BioSC (2014) Expertise, Technologien und Ausbildung für eine nachhaltige Bioökonomie – Das Bioeconomy Science Center (BioSC). https://www.biosc.de/bioeconomy_science_center. Zugegriffen: 3. Jan. 2020
33. Universität Hohenheim (2019) Bioökonomie in der Lehre. https://biooekonomie.uni-hohenheim.de. Zugegriffen: 3. Jan. 2020
34. Universität Hohenheim (2019) Netzwerke – Regional bis international: Netzwerke und Partnerschaften verbinden die Universität Hohenheim mit den herausragenden Playern zum Thema Bioökonomie. https://biooekonomie.uni-hohenheim.de/netzwerke/europaeische-biooekonomie-universitaet. Zugegriffen: 3. Jan. 2020
35. Carbontracker (2013) Unburnable carbon wasted capital and stranded assets. https://carbontracker.org/reports/unburnable-carbon-wasted-capital-and-stranded-assets/. Zugegriffen: 3. Jan. 2020
36. Allianz Group (2018) Allianz is driving change toward a low-carbon economy with an ambitious climate protection package. https://www.allianz.com/en/press/news/business/insurance/180504-allianz-announces-climate-protection-package.html. Zugegriffen: 3. Jan. 2020
37. BNP-Paribas (2015) Financing and investment policies: coal-fired power generation – sector. https://group.bnpparibas/uploads/file/csr_sector_policy_cfpg.pdf. Zugegiffen: 3. Jan. 2020

38. Bank of America (2019) Coal policy. https://about.bankofamerica.com/assets/pdf/COAL_POLICY.pdf. Zugegriffen: 3. Jan. 2020
39. Kaye L (2017) Triple Pundit; Blackrock investments „Coal is dead". https://triplepundit.com/2017/06/blackrock-coal-dead/. Zugegriffen: 3. Jan. 2020
40. EIA (2019) European circular bioeconomy fund. https://www.eib.org/attachments/registers/123653244.pdf. Zugegriffen: 3. Jan. 2020
41. IFoA (2018) Actuaries seek to contribute to Sustainable Development Goals. https://actuaries.org.uk/news-and-insights/media-centre/media-releases-and-statements/actuaries-seek-contribute-sustainable-development-goals. Zugegriffen: 3. Febr. 2020
42. Huber BM, Comstock M (2017) Reports and ratings: what they are, why they matter. Harvard Law School forum on corporate governance and financial regulation. Davis Polk & Wardwell LLP. https://corpgov.law.harvard.edu/2017/07/27/esg-reports-and-ratings-what-they-are-why-they-matter/. Zugegriffen: 3. Jan. 2020
43. MSCI (2017) ESG ratings methodology. https://msci.com/documents/10199/123a2b2b-1395-4aa2-a121-ea14de6d708a. Zugegriffen: 3. Jan. 2020

8

Fazit

Die globale Durchschnittstemperatur ist seit vorindustrieller Zeit um 1 °C gestiegen, und seit Beginn der Temperaturmessungen im Jahr 1880 sind die 10 wärmsten Jahre in den letzten 20 Jahren zu verzeichnen. Als wesentliche Ursache identifiziert die bei Weitem überwiegende Mehrheit der Klimaforscher die Emission von Treibhausgasemissionen, und zwar vor allem die aus der Verbrennung fossiler Rohstoffe. Deshalb haben sich im Pariser Klimaabkommen 197 Staaten darauf geeinigt, die Emission bis 2050 drastisch zu senken, und das heißt, von Kohle, Erdöl und Erdgas Abschied zu nehmen.

Damit endet eine Ausnahmezeit in der Wirtschaftsgeschichte, denn nie zuvor standen Energie- und Kohlenstoffquellen aus nur drei Rohstoffen, die noch dazu in Großanlagen mit hoher Effizienz zu verarbeiten sind, scheinbar kostengünstig und im Übermaß zur Verfügung. Die alternativen Kohlenstoff- und Energiequellen, die dieses Buch präsentiert hat, sind dagegen vielfältig, ihre

Produktion braucht große Flächen und ihre Verarbeitung ist vergleichsweise aufwendig. Der Wandel in die Bioökonomie ist deshalb nicht nur ein Rohstoffwandel. Er wird auch die Abhängigkeit von landwirtschaftlichen Flächen vergrößern, in der Wirtschaft neue Versorgungsketten entwickeln und das Kostenniveau der Produktion erhöhen. Die Bioökonomie kann deshalb die fossilbasierte Wirtschaft nicht einfach komplett ersetzen. Sie wird aber ein wesentlicher Teil einer zukünftigen umfassenden Kreislaufwirtschaft sein.

Weil zusätzlich zu Nahrungsmitteln auch die verstärkte Produktion von industriellen Rohstoffen erwartet wird, geraten landwirtschaftliche Flächen weltweit unter Druck. Dass dazu auch Flächen bei uns gebraucht werden, ist in der deutschen Gesellschaft noch nicht so recht angekommen. Fruchtbarste Böden, die unsere Vorfahren vor Jahrhunderten entwaldet und zu Ackerland umgewandelt haben, werden bei uns Tag für Tag versiegelt und gleichzeitig die Umwandlung von Wald in Ackerland anderswo beklagt. Zum Wandel gehört auch, Ackerflächen wertzuschätzen sowie die Leistungen der Ökosysteme wieder bewusst zu machen und verantwortungsvoll zu nutzen.

Anlagen zur Verarbeitung von Biomasse haben ein nur begrenztes Einzugsgebiet. Ihre Standorte werden deshalb eher dort liegen, wo die Rohstoffe angebaut werden, nämlich in landwirtschaftlichen Regionen. Das kann sich zweifach auswirken. Zum einen sind Auswirkungen auf unsere großen Industriezentren zu erwarten, indem sie sich tendenziell dezentral entwickeln und damit Arbeitsplätze verlagern. Zum anderen können sich die Rohstoffversorgungsketten zu internationalen Biomasseregionen verlagern und ganze Wertschöpfungsstufen einschließlich der Arbeitsplätze mitnehmen. Für Deutschland ist auch deshalb die Intensivierung der Kohlenstoffkreislaufwirtschaft vorteilhaft, weil sie Kohlenstoffquellen nutzt, die bei uns vorhanden sind.

Biomasse und rezyklierte Kohlenstoffquellen können energetisch zu Treibstoffen, Wärme und Strom oder stofflich zu Konstruktionsmaterialien, Papier, Fasern, Chemie- und Pharmaprodukten verwertet werden. Für Energien stehen uns kohlenstofffreie erneuerbare Quellen zu Verfügung. Die genannten stofflichen Produkte sind dagegen von Kohlenstoff abhängig. Die höchste Wertschöpfung erreichen unter ihnen Chemie- und Pharmaprodukte. Mit ihren vielfältigen Möglichkeiten zur Weiterverarbeitung in den verschiedensten Branchen gehen von Chemieprodukten lange Wertschöpfungsketten aus. Jede Wertschöpfungsstufe schafft Arbeitsplätze. Unter Berücksichtigung der guten Wettbewerbsposition der deutschen Chemie- und Pharmaindustrie liegt es deshalb nahe, in Deutschland der stofflichen Verwertung Vorrang vor der energetischen zu geben.

Kohle und Erdöl haben vor 150 Jahren die vormoderne Bioökonomie aus eigener Kraft verdrängt. Das gelingt Bioökonomie und Kreislaufwirtschaft heute leider nicht. Zu stark wirken die Beharrungskräfte der fossilbasierten Wirtschaft und der Konsumenten zusammen mit den Handicaps des Rohstoffwandels. Höhere Kosten, die dezentrale Struktur, die Heterogenität der Rohstoffe und Verfahren und der hohe Energieaufwand verhindern, dass der Wandel sich aus eigener Kraft durchsetzt. Deshalb spielen die Rahmenbedingungen und die davon mit beeinflusste Einschätzung der Investoren eine entscheidende Rolle.

Die europäischen und die deutschen Rahmenbedingungen vernachlässigen aber die stoffliche Verwertung. Im Vordergrund steht die Senkung der Treibhausgasemission durch alternative Energien, zu denen auch Bioenergie gezählt wird. Konsequenterweise richtet die Wirtschaft ihre Planungen auch so aus und forciert den Rohstoffwandel zwar in der Produktion von Energie, nicht aber von Produkten. Die Rahmenbedingungen sollten technologieoffen und auf marktwirtschaftliche Weise in Richtung der stofflichen Verwertung von biogenem und rezykliertem Kohlenstoff weiterentwickelt werden.

Die Rahmenbedingungen sind nicht der einzige Treiber für die Bioökonomie und die Kreislaufwirtschaft. Auch Investoren erkennen, dass Geschäftsmodelle, die auf fossilen Rohstoffen basieren, auslaufen. Fossile Rohstoffe werden deshalb zunehmend als Risikofaktor eingeschätzt. Dagegen gewinnt Nachhaltigkeit als Beurteilungskriterium für eine Investitionsgelegenheit an Bedeutung. Investoren sollten deshalb verstärkt in die Gesprächskreise der Bioökonomie einbezogen werden, um sie mit dem Thema vertraut und auf Investitionsmöglichkeiten aufmerksam zu machen.

Produkte der Bioökonomie und Kreislaufwirtschaft kommen mit einem höheren Kostenniveau, als wir es gewohnt sind. Der Einwand, das liege an den externalisierten Schadenskosten der fossilbasierten Produktion, ist zwar richtig, aber dennoch ist zu befürchten, dass viele Verbraucher und Verbraucherinnen ihre höheren Einkaufskosten als Wohlstandsverlust wahrnehmen werden. Hier liegt ein Risikofaktor für die soziale Akzeptanz des Wandels, dem begegnet werden muss.

Die Transformation der Wirtschaft braucht Zeit, und dass die Reduktion der Emissionen aus langlebigen Produktionsanlagen erst in 10 – 20 Jahren erwartet wird, ist nur realistisch. Es bringt auch nichts, die von Deutschland einzusparende Emission der weltweiten Emission gegenüberzustellen und mutlos zu dem Schluss

8 Fazit

zu kommen, unsere Anstrengungen blieben auf globaler Ebene wirkungslos. Jede Wirtschaft muss ihren jeweiligen Beitrag leisten, und wie schwer es ist, hier zu Vereinbarungen zu kommen, hat die Klimakonferenz 2019 in Madrid gezeigt. Allerdings müssen wir anerkennen, dass wir als eines der Länder mit großer historischer Emissionsschuld in besonderer Verantwortung stehen. Dass es nur in kleinen Schritten vorwärts geht, ist so lange akzeptabel, wie das Ziel der Klimaneutralität im Jahr 2050 nicht infrage gestellt wird.

Die Einleitung dieses Buches hat die Befürchtung aufgegriffen, die Bioökonomie führe zu neuem Raubbau an der Natur und zu einer Kommerzialisierung allen Lebens. Ich bin überzeugt, dass die biologischen Ressourcen im Rahmen der planetaren Grenzen verantwortlich genutzt werden können, wenn Prioritäten für ihre Verwendung gesetzt und der natürliche und der technische Kohlenstoffkreislauf kombiniert werden. Das verlangt die Integration der Bioökonomie und emissionsfreier Energien. Nachhaltigkeit beinhaltet dabei auch den ethisch verantwortlichen Umgang mit den Ökosystemleistungen. Mit diesen Leitplanken ist die Bioökonomie Teil der Lösung für eine ökonomisch, ökologisch und sozial nachhaltige Wirtschaft, die auch zu den Nachhaltigkeitszielen („sustainable development goals", SDG) der UN beiträgt, und zwar insbesondere zu SDG 12: „Verantwortungsvoller Konsum und Produktion", SDG 9: „Industrie, Innovation und Infrastruktur", SDG 13: „Klimaschutz", SDG 7: „Bezahlbare und saubere Energie" und SDG 11: „Nachhaltige Städte und Gemeinden" [1].

Literatur

1. Iowa I, Delbrück S, Hamm U (2019) Bioeconomy from experts' perspectives – results of a global expert survey. https://doi.org/10.1371/journal.pone.0215917. Zugegriffen: 16. Jan. 2020

Anhang

Weiterführende Literatur

Sachbücher

Simon F, Schaefer HC (2018) Bioökonomie und Ethik. 26, Sonderausgabe. Forum Wirtschaftsethik.

Dieser Sammelband stellt die Bioökonomie als Lösungsansatz für globale Herausforderungen vor und diskutiert Anwendungen, ethische Fragen, Governance, Selbstverständnis und den Dialog mit der Gesellschaft.

Pietzsch J (Hrsg) (2017) Bioökonomie für Einsteiger. Springer-Verlag.

Der Wissenschaftsjournalist beleuchtet die Bioökonomie umfassend von der Herkunft der Rohstoffe und ihrer Verarbeitung. Er benennt Erfolgsfaktoren, Bedingungen für eine nachhaltige Bioökonomie und die Bedeutung der Suffizienz.

Grefe C (2016) Global Gardening Bioökonomie – Neuer Raubbau oder Wirtschaftsform der Zukunft? Verlag Antje Kunstmann.

Die Journalistin diskutiert das gesellschaftliche Klima, in dem sich die Bioökonomie entwickelt, wie Unternehmen auf die Bioökonomie eingehen und welche Interessenkonflikte ausgetragen werden.

Wilson EO (2016) Die Hälfte der Erde – Ein Planet kämpft um sein Leben. Verlag C.H.Beck.

Der Autor, ein Umwelt-Wissenschaftler, stellt die Bedeutung der Biodiversität dar und wie die Menschheit dabei ist, sie zu schädigen. Er ist überzeugt, dass wir die Hälfte der Erde ohne menschliche Nutzung der Natur überlassen müssen.

Hartmann K (2015) Aus kontrolliertem Raubbau: Wie Politik und Wirtschaft das Klima anheizen, Natur vernichten und Armut produzieren. Verlag Karl Blessing.

Die Autorin beschreibt die Bioökonomie als die große „Nachhaltigkeitslüge", die mit ihrem Rohstoffbedarf die Ökosysteme überfordert und die Natur zerstört.

Gottwald FT, Krätzer A (2014) Irrweg Bioökonomie. Suhrkamp-Verlag.

Die Autoren diskutieren die Bioökonomie aus ethischer und politischer Sicht und identifizieren ein Bündnis aus Biotechnologie-, Pharma-, Chemie-, Nahrungsmittel- und Agrarunternehmen, das auf dem Weg zur „kommerziellen Inbesitznahme alles Lebendigen" ist.

Kurse, Lehr- und Fachbücher

Zertifikatskurs Bioökonomie (2020) Springer-Verlag.

Nachhaltigkeit ist ein Begriff, der in unserer Gesellschaft immer mehr an Bedeutung gewinnt. Auch für Unternehmen rückt das Thema somit in den Fokus und verlangt nach einem nachhaltigen Wirtschaften. Und genau an diesem Punkt kommt die Bioökonomie ins Spiel, denn sie basiert auf einer nachhaltigen, modernen und biologischen Wirtschaft, die hochwertige Produkte aus nachwachsenden Rohstoffen garantiert. In Kooperation mit renommierten Bioökonomieexperten und Wissenschaftlern des Forschungszentrums Jülich, des Karlsruher Instituts für Technologie (KIT) und der Universität Kassel erhalten die Kursteilnehmer/-innen einen ausführlichen und praxisnahen Überblick.

Kircher M (2020) Bioökonomie im Selbststudium: Wertschöpfungsketten und Innovationspotenzial. Springer-Verlag.

Dieses Studienheft ist ein Teil des Springer-Zertifikatskurses Bioökonomie und wird als Material zum Selbstlernen eingesetzt. Der Band diskutiert die an den Wertschöpfungsketten der Bioökonomie vom Rohstoff bis zum Endprodukt beteiligten Wirtschaftssektoren. Angesprochen werden die Biomasse produzierenden Branchen und das vielfältige produzierende Gewerbe einschließlich der Abfallwirtschaft. Darauf folgt eine Analyse, wie weit die Bioökonomie in den verschiedenen Sektoren schon etabliert ist und in welchen Branchen sie zukünftiges Potenzial hat. Bis 2050 soll der Rohstoffwandel von fossilen zu nachhaltigen Rohstoffen entsprechend dem Pariser Klimaabkommen weitgehend abgeschlossen sein. Heute noch von fossilen Rohstoffen ausgehende Unternehmen werden sich deshalb zunehmend auf die kommende Bioökonomie einstellen müssen. Die Teilnehmer lernen, die hierin liegenden

Herausforderungen, aber auch das große Potenzial für Innovation und die Verbesserung der Wettbewerbsfähigkeit, das in der Verknüpfung der beteiligten Wertschöpfungsketten liegt, zu erkennen.

Kircher M (2020) Bioökonomie im Selbststudium: Unternehmensstrategie und Wirtschaftlichkeit. Springer-Verlag.

Dieses Studienheft ist ein Teil des Springer-Zertifikatskurses Bioökonomie und wird als Material zum Selbstlernen eingesetzt. Der Band geht auf die Wettbewerbsfähigkeit in den Märkten der Ernährung, biobasierter Materialien und von Bioenergie ein. Besonders angesprochen werden die Wettbewerbsfaktoren der Qualität, der Nachhaltigkeit und der Kosten biobasierter Produkte. Auch auf die politischen Rahmenbedingungen wird eingegangen. Es folgt eine Analyse der Zielkonflikte, die die Bioökonomie mit sich bringt, wie Unternehmen zu deren Lösung beitragen können, welche Instrumente es für die Dokumentation der Nachhaltigkeit biobasierter Produkte gibt und wie damit gesellschaftliche Akzeptanz und ein Wettbewerbsvorteil erreicht werden können. Abschließend lernen die Teilnehmer Organisationen und Netzwerke kennen, die die Formulierung von Unternehmensstrategien und die Erreichung von Wettbewerbsvorteilen unterstützen.

Kircher M, Schwarz T (2020) CO_2 und CO – Nachhaltige Kohlenstoffquellen für die Kreislaufwirtschaft. Springer-Verlag.

Das Buch versammelt Beiträge, die den Stand der Technik und das Potenzial der Verwertung von kohlenstoffdioxid- und kohlenstoffmonoxidhaltigen Gasströmen diskutieren.

Pietzsch J (2020) Bioökonomie im Selbststudium: Grundlagen und Ausgangspunkte. Springer-Verlag.

Dieses Studienheft ist ein Teil des Springer-Zertifikatskurses Bioökonomie und wird als Material zum Selbstlernen eingesetzt.

Historische Einordnung | Entstehung des Begriffs Bioökonomie | Verschiedene politische Strategien der Bioökonomie| Bioökonomie und Nachhaltigkeit | Kaskadennutzung und Kreislaufwirtschaft| Profilierte Bioökonomie-Regionen in Deutschland | Gesetzliche Rahmenbedingungen | Die sieben Herausforderungen der Bioökonomie | Vorstellung beispielhafter Produkte | Fallstudien

Schurr U, Janzik I, Klose H, Slusarczyk H (2020) Bioökonomie im Selbststudium: Biomasse – nachhaltige Produktion, Rohstoff und Integration. Springer-Verlag.
Dieses Studienheft ist ein Teil des Springer-Zertifikatskurses Bioökonomie im Selbststudium. Das Buch präsentiert die Themenfelder 1. der Biomasse als Grundpfeiler nachhaltiger Bioökonomie unter Berücksichtigung der Land-, Forst-, Fisch- und Abfallwirtschaft, 2. der Bodenfruchtbarkeit und Wasser-, Land- und Nährstoffnutzung inkl. Stoffkreisläufen, 3. der Grundzüge von Ansätzen zur Optimierung von Biomasse durch agronomische und züchterische Maßnahmen im Hinblick auf Ertrag und Qualität sowie 4. der Nutzpflanzen und der Gewinnung von Nahrung, Chemikalien, Materialien und hochwertigen Wertstoffen.

Viaggi D (Hrsg) (2018) The Bioeconomy: Delivering Sustainable Green Growth. CABI.
Der Agrarwissenschaftler diskutiert die Bioökonomie aus einer wirtschaftlichen und politischen Perspektive. Das beinhaltet den Beitrag von Technologie, Forschung und Innovation, die treibenden Kräfte und die Wirtschaft auf der Nachfrage- und der Angebotsseite. Die politische Regulierung wird ebenso berücksichtigt wie die Rolle der Bioökonomie für die Wirtschaft und Gesellschaft.

Dries L, Heijman W, Jongeneel R, Purnhagen K, Wesseler J (Hrsg) (2019) EU Bioeconomy Economics and Policies. Springer-Verlag.
Dieses Buch bietet einen Überblick über wirtschaftliche und politische Fragen der Bioökonomie aus Sicht der EU. Die Auswirkungen auf die künftige wirtschaftliche Entwicklung und die Politikgestaltung sowie der internationale Kontext und die finanziellen Rahmenbedingungen werden vorgestellt.

Bhaskar T, Pandey A, Mohan SV, Lee D-J, Khanal SK (2018) Waste Biorefinery – Potential and Perspectives. Elsevier-Verlag
Dieses Buch beschreibt die Methoden zur Verwertung biogener Abfälle zur Herstellung von Biokraftstoffen, Energieprodukten und Biochemikalien unter besonderer Berücksichtigung von dezentralen Bioraffinerien.

Lewandowski, I (Hrsg) (2018) Bioeconomy – Shaping the Transition to a Sustainable, Biobased Economy. Springer-Verlag.
Die Wissenschaftlerin beleuchtet bioökonomische Konzepte im öffentlichen, wissenschaftlichen und politischen Diskurs. In einem interdisziplinären Ansatz skizzieren die Autoren die Dimensionen der Bioökonomie als Mittel zur Erreichung von Nachhaltigkeit. Studenten und Forschern der Graduiertenausbildung liefert es den wissenschaftlichen Hintergrund für Ökonomen, Agrarwissenschaftler und Naturwissenschaftler.

Hacker J, Spath D, Hat H (Hrsg) (2017) „Sektorkopplung" – Optionen für die nächste Phase der Energiewende. Leopoldina, acatech, akademieunion.
Der von drei Wissenschaftsorganisationen gemeinsam verfasste Bericht analysiert Technologieoptionen für die zukünftige Energieversorgung in den Bereichen Gebäude, Verkehr und Industrie einschließlich Kosten, zeitlichem Ablauf und Rahmenbedingungen.

Leal Filho W, Pociovalisteanu DM, Borges de Brito PR, Borges de Lima I. (Hrsg) (2017) Towards a Sustainable Bioeconomy: Principles, Challenges and Perspectives. Springer-Verlag.
Dieses Buch diskutiert die Erreichung einer nachhaltigen Bioökonomie aus wissenschaftlicher und industrieller Sicht. Es spricht auch sozial-, wirtschafts-, betriebs-, bildungs- und umweltwissenschaftliche Fragen an.
Sillanpää, M, Ncibi C. (2017) A Sustainable Bioeconomy – The Green Industrial Revolution. Springer-Verlag.
Die Autoren diskutieren auf Daten basierend das Potenzial der Bioökonomie, bewerten die wirtschaftlichen Auswirkungen, analysieren die politischen Rahmenbedingungen und schlagen Lösungen für die Produktion von Bioenergie, Biochemikalien und Biomaterialien vor.
Bazanella A, Krämer D. (2017) Ergebnisse der BMBF-Fördermaßnahme Technologien für Nachhaltigkeit und Klimaschutz – Chemische Prozesse und Nutzung von CO_2. Dechema.
Die Ergebnisse von Forschungsprojekten zur stofflichen Verwertung von Kohlenstoffdioxid werden berichtet. Weil Verfahren der Bioökonomie Kohlenstoffdioxid emittieren, können die vorgestellten Projekte zur Nachhaltigkeit der Bioökonomie beitragen.
Souza GM, Victoria RL, Joly CA, Verdade LM (2015) Bioenergy & Sustainability: Bridging the gaps. SCOPE 72.
Vorgestellt und mit einer soliden Datenbasis belegt wird das Potenzial von Bioenergy auf Basis von Zucker. Dabei wird umfassend auf die Rohstoffbasis, Landnutzung, Ernährungssicherheit, ökologische und soziale Auswirkungen weltweit eingegangen.
Gödecke C (Hrsg) (2015) Enquetekommission zur Zukunft der chemischen Industrie in NRW im Hinblick auf nachhaltige Rohstoffbasen, Produkte und

Produktionsverfahren. Landtag NRW. Landesdrucksache 16/8500.

Der Bericht analysiert die derzeitige und zukünftige Situation der Chemieindustrie in Deutschlands führendem Chemie-Bundesland NRW bezüglich Rohstoffen, Energie und Verfahren, darunter auch Bioraffinerien, und gibt Empfehlungen.

Lau PCK (Hrsg) (2016) Quality Living Through Chemurgy and Green Chemistry. Springer-Verlag.

Die Autoren beschreiben die Herstellung von bedeutenden Chemieprodukten aus nachwachsenden Rohstoffen und regionale Standortfaktoren für die Bioökonomie.

Bertau M, Offermanns H, Plass L, Schmidt F, Wernicke HJ (Hrsg) (2014) Methanol: The Basic Chemical and Energy Feedstock of the Future. Springer-Verlag.

Methanol wird als chemischer Grundstoff präsentiert, der das Potenzial hat, zukünftig eine zentrale Rolle in der Kohlenstoffkreislaufwirtschaft zu spielen, darunter auch in der Rezyklierung von Kohlenstoffdioxid.

Weitere Informationen

A.1 Verteilung der Elemente in fossilen Rohstoffen

	Kohlenstoff (%)	Wasserstoff (%)	Sauerstoff (%)
Kohle	60–75	6	17–34
Erdgas	75–85	9–24	Spuren
Erdöl	83–87	10–14	0,1–2

A.2 Ressourcen, Reserven und Reichweite der fossilen Rohstoffe [1]

		Ressourcen	Reserven		
		Volumen	Volumen	Förderung pro Jahr	Statische Reichweite [Jahre]
Erdöl	Gt	448	243	4,4	55
Erdgas	Bill. m³	836	199	3,8	52
Hartkohle	Gt SKE	14.966	735	6,5	113
Braunkohle	Gt SKE	1776	320	1,0	320

Gt: Gigatonnen, SKE: Steinkohleeinheit

Als Reserven werden die Lagerstätten bezeichnet, die mit dem heutigen Stand der Technik wirtschaftlich zu fördern sind. Ressourcen sind alle nachgewiesenen Lagerstätten. Die statische Reichweite gibt die Zeitspanne an, in der unter den heutigen technischen und wirtschaftlichen Bedingungen gefördert werden könnte. Die Kosten der Ölproduktion sind je nach Lagerstätte unterschiedlich; sie betragen pro Barrel für konventionelles Erdöl 3−40 USD, in der Tiefsee 32−65 USD und in der Arktis 32−100 USD [2].

A.3 Treibhausgasemission in Deutschland (2017) [3]

Emission	Kohlenstoffdioxid	Methan	Lachgas	Fluorierte Gase
	[Millionen Tonnen]			
Kohlenstoffdioxid-Äquivalente	798	55	38	15
Klimaschädlichkeit (im Vergleich zu Kohlenstoffdioxid)	1	25	298	100−24.000

Treibhausgase sind Kohlenstoffdioxid, Methan, Lachgas, fluorierte Treibhausgase (F-Gase): wasserstoffhaltige Fluorkohlenwasserstoffe (HFKW), perfluorierte Kohlenwasserstoffe (FKW), Schwefelhexafluorid (SF6) und Stickstofftrifluorid (NF3). Um eine Vergleichbarkeit der Wirkung auf das Klima zu ermöglichen, werden alle Treibhausgase in Kohlenstoffdioxid-Äquivalenten angegeben.

A.4 Das Pariser Klimaabkommen

Die Vereinbarung der 21. Tagung der Klimarahmenkonvention der Vereinten Nationen (FCCC/CP/2015/10/Add.1) wurde am 12. Dezember 2015 in Paris unterzeichnet. Sie folgt dem Kyoto-Protokoll und versteht sich als „eine globale Antwort auf die Bedrohung durch den Klimawandel". Die Vereinbarung fordert in Artikel 2(a), „den Anstieg der globalen Durchschnittstemperatur auf deutlich unter 2 °C über dem vorindustriellen Niveau zu halten und die Bemühungen fortzusetzen, den Temperaturanstieg auf 1,5 °C über dem vorindustriellen Niveau" zu begrenzen. Artikel 4 verlangt, „im Einklang mit dem Stand der Wissenschaft rasche Reduzierungen vorzunehmen, um ein Gleichgewicht zwischen anthropogenen Emissionen aus Quellen und der Entfernung von Treibhausgasen aus Senken in der zweiten Hälfte dieses Jahrhunderts auf der Grundlage der Gerechtigkeit und im Rahmen der nachhaltigen Entwicklung und der Bemühungen zur Beseitigung der Armut zu erreichen".

Das Pariser Abkommen trat am 5. Oktober 2016 in Kraft und wurde von 195 der 197 Vertragsparteien des Übereinkommens ratifiziert, auf die mehr als 55 % der gesamten globalen Treibhausgasemissionen entfallen. Mit der Ratifizierung ist das Pariser Abkommen rechtsverbindlich geworden. In Übereinstimmung mit dem Pariser Abkommen hat die EU, die 10 % der weltweiten

Treibhausgasemissionen emittiert, im November 2018 ihre Vision „Ein sauberer Planet für alle – Eine Europäische strategische, langfristige Vision für eine wohlhabende, moderne, wettbewerbsfähige und klimaneutrale Wirtschaft" veröffentlicht. Bereits seit 2009 verfolgt die EU das Ziel, die Emissionen bis 2050 um 80 – 95 % zu senken. Das Strategiepapier fordert, „die vollen Vorteile der Bioökonomie zu nutzen und wesentliche Kohlenstoffsenken zu schaffen" [4].

A.5 Reserven fossiler Rohstoffe

Fossile Rohstoffe	Dokumentierte Reserven				Bis 2050 noch förderbar	
	Volumen	Kohlenstoffgehalt	Kohlenstoffdioxid-Äquivalente	Anteil an den Reserven (%)	Kohlenstoffdioxid-Äquivalente	Anteil an den Reserven
		Gigatonnen			Gigatonnen	
Erdöl	1,688 Gb	171,2	629,9	22,9	439	70
Erdgas	6,558 Tcf	95,6	350,4	12,8	192	55
Kohle	892 Gt	479,5	1756,9	64,3	368	20
Summe		*746,2*	*2734,2*	*100*	*1000*	*37*

Gb: Gigabarrel, TcF: Billionen Kubikfuß („trillion cubic feet"), Gt: Gigatonnen

Als Reserven werden Lagerstätten bezeichnet, die mit dem heutigen Stand der Technik wirtschaftlich ausgebeutet werden können. In ihre Exploration wurden schon erhebliche Finanzmittel investiert. Ressourcen sind dagegen dokumentierte Vorkommen, die heute nicht zugänglich sind. Sie sind erheblich größer als die Reserven [5, 6].

A.6 Enzymatischer Stärkeabbau

Amylasen sind Enzyme, die Polysaccharide, unter anderem Stärke, zu einzelnen Zuckermolekülen abbauen können. Amylasen werden industriell mittels Mikroorganismen hergestellt und für die Produktion von Zucker aus Stärke, unter anderem für die Herstellung von Bioethanol und die Getränkeindustrie, eingesetzt.

A.7 Photosynthese

Die pflanzliche Photosynthese zerlegt Wasser (H_2O) in Wasserstoff (H_2) und Sauerstoff (O_2). Die notwendige Energie liefert das Sonnenlicht. Der energiereiche Wasserstoff wird dafür verwendet, Kohlenstoffdioxid (CO_2) zu reduzieren und zu Biomasse aufzubauen. Manche Bakterien können Wasserstoff direkt als Energiequelle nutzen.

Für die pflanzliche Photosynthese ist die optimale Konzentration von Kohlenstoffdioxid in der Atmosphäre natürlicherweise höher als 600 ppm. Weil der Kohlenstoffdioxidgehalt in der Luft aber nur bei 400 ppm liegt, fördert die Einspeisung von Kohlenstoffdioxid in Gewächshäuser das Wachstum der Pflanzen.

A.8 Produkte der Bioökonomie in der Lebensmittelindustrie

Milchsäure wird von Milchsäurebakterien *(Lactobacillus)* produziert und ausgeschieden. Auf diese Weise wird das Substrat, auf dem sie wachsen, angesäuert, was die Vermehrung vieler anderer Mikroorganismen unterdrückt. So werden Joghurt, Sauerkraut und Silagetierfutter konserviert. Milchsäure wird in der Lebensmittelindustrie als Konservierungsmittel (E270) eingesetzt. Die industrielle Produktion von Milchsäure erfolgt zum größten Teil fermentativ auf der Basis von Zucker. Auch die synthetische Herstellung auf Basis fossiler Rohstoffe ist etabliert. Vitamin C (Ascorbinsäure, E300) wird sowohl synthetisch als auch durch bakterielle Fermentation auf Basis von Zucker hergestellt.

Der Süßstoff Aspartam (E951) ist ein Dipeptid aus den beiden Aminosäuren L-Asparaginsäure und L-Phenylalanin. Beide Aminosäuren werden durch bakterielle Fermentation auf Basis von Zucker hergestellt. Die Verknüpfung der Aminosäuren zum Dipeptid geschieht durch chemische Synthese. Ein neuer Süßstoff wird derzeit von Savanna Ingredients, einem jungen Unternehmen in Elsdorf, entwickelt. Durch enzymatische Modifikation von Rübenzucker entsteht dort der nicht verdauliche Zucker Allulose, der fast so süß wie normaler Zucker schmeckt.

Beim Brotbacken setzen Enzyme die Mehlstärke in für die Hefen verwertbare Zucker um und bauen Klebereiweiße und Schleimstoffe ab. In der Herstellung von Fruchtsäften werden Enzyme zum Abbau von Pektinen und Xylanen eingesetzt, um dadurch eine bessere Verwertung der Rohstoffe zu erreichen und die Säfte zu klären.

In der Herstellung von Käse wird das Milcheiweiß durch Lab, ein Gemisch aus den Enzymen Chymosin und Pepsin, gefällt.

Zur Geschmacksverstärkung wird Glutaminsäure eingesetzt. Dies ist eine Aminosäure, die fermentativ auf Basis von Zucker erzeugt wird.

A.9 Anteil biobasierter Chemieprodukte in der EU

Produktgruppe	Gesamte Produktion [1000 t]	Biobasierte Produktion [1000 t]	Biobasierte Produktion [%]
Kunststoffe/Polymere	71.000	1130	1,59
Klebstoffe	8580	86	1,00
Künstliche Fasern	5404	627	11,60
Lösungsmittel	5000	0,5	0,01
Schmierstoffe	3900	627	16,07
Tenside	3500	1100	31,43
Agrarchemie	1800	0,5	0,03
Kosmetika	1263	556	44,02
Farben und Lacke	882	164	1,81
Summe	101.329	4291	4,23

A.10 Zucker aus Stärke und Lignozellulose

Wird Stärke als Ausgangsstoff für Zucker verwendet, fallen zusätzliche Verarbeitungsstufen an. Stärke besteht aus zu einer Kette verknüpften Zuckermolekülen. Die Kette wird durch das Enzym Amylase zu einzelnen Zuckermolekülen abgebaut. Die Amylase selbst wird fermentativ hergestellt, indem Amylase produzierende Mikroorganismen auf der Basis von Zucker vermehrt werden. Dabei entstehen als Nebenprodukte Biomasse der Amylasemikroorganismen und Kohlenstoffdioxid. Den an der Zuckerherstellung beteiligten Branchen ist also die Enzymindustrie hinzuzufügen (Abb. A.1).

Im Prinzip gilt diese Beschreibung auch für Zucker aus Lignocellulose. Im Vergleich zu Stärke ist Lignocellulose verfahrenstechnisch wesentlich aufwendiger zu verarbeiten, und als Reststoff fällt mit rund 30 % zusätzlich Lignin an. Außerdem muss angemerkt werden, dass

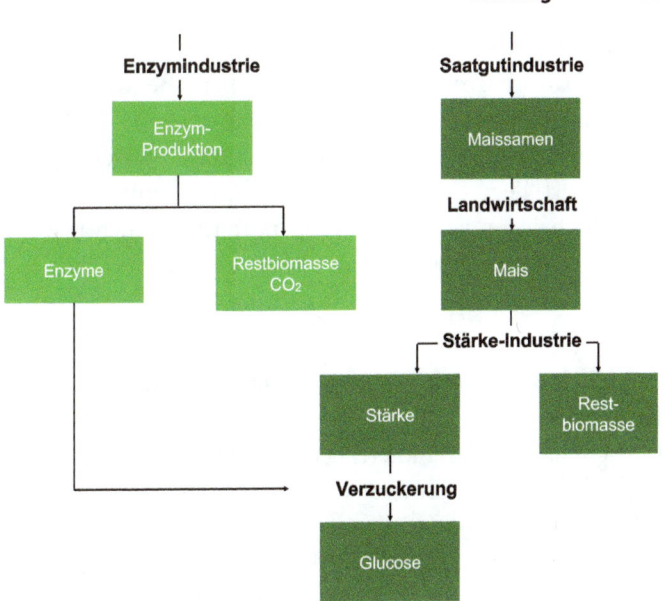

Abb. A.1 Wertschöpfungskette zu Zucker aus Stärke

Lignocellulose unterschiedliche Zucker enthält. Zwar können alle industriell verwertet werden, für einige von ihnen müssen aber spezielle Mikroorganismen eingesetzt werden.

A.11 Wertentwicklung in der Zuckerproduktion

Der Landwirt sät Zuckerrübensaatgut zu Kosten von etwa 200 EUR pro Hektar (nur Saatgutkosten) aus und erntet später 60 t Zuckerrüben pro Hektar. Für die Rüben erhält er von der Zuckerfabrik 35 EUR pro Tonne; der Ertrag beträgt für den Landwirt also 2100 EUR pro Hektar. Die Konzentration von Saccharose in den Zuckerrüben liegt bei ca. 20 %, sodass 60 t Zuckerrüben rund 12 t Zucker liefern. Durch die Raffination der Rüben wächst der Wert der Ernte pro Hektar auf 3600 EUR (300 EUR pro Tonne raffinierter Zucker). Bei der Zuckerraffination fallen mit einem Anteil von 5 % Rübenschnitzel an, die als Futtermittel vermarktet werden. Ihr Marktwert liegt bei etwa 200 EUR pro Tonne Trockengewicht bei der Verarbeitung zu Futtermitteln, was einen Beitrag von etwa 600 EUR pro Hektar ergibt.

A.12 Ethanolertrag verschiedener pflanzlicher Rohstoffe

Bezüglich des Ethanolertrags pro Hektar sind Rüben und Zuckerrohr führend und gleich effizient, aber die Ethanolproduktion aus Weizen und Mais (Stärkepflanzen) benötigt um den Faktor 5 bzw. Faktor 2,6 mehr Land. Die Flächeneffizienz ist deshalb ein wichtiger Faktor bei der Überlegung, für welche Endprodukte Agrarflächen am besten genutzt werden [7].

A.13 Bernsteinsäure

Die biotechnologische Herstellung von Bernsteinsäure bindet Kohlenstoffdioxid. Bernsteinsäure hat Potenzial als biobasierte Grundchemie, weil von ihr viele Folgeprodukte chemisch abgeleitet werden können.

A.14 Wanderung von Klimazonen

Die Wanderung der Klimazonen ist nicht harmlos, denn sie destabilisiert Fauna und Flora in den betroffenen Gebieten bezüglich der Zusammensetzung und der Struktur. Diese Veränderungen sind schon zu beobachten, und zwar insbesondere dort, wo menschliche Einflüsse sie verstärken. Viele dieser neu entstehenden Ökosysteme werden zunächst instabil bleiben und ein neues Gleichgewicht erst im 22. Jahrhundert oder später erreichen. Die Veränderung betrifft insbesondere die biologische Vielfalt, nämlich durch den Zerfall und die Reorganisation von Lebensgemeinschaften. Der Strukturwandel wird auch Auswirkungen auf die Ökosystemleistungen und damit Einfluss auf Kohlenstoffquellen und -senken sowie auf die Rückführung der Luftfeuchtigkeit und anderer Klimareaktionen entwickeln. Die biologische Vielfalt, das ökologische Funktionieren und die Ökosystemleistungen auf planetarer Ebene gelten insbesondere als bedroht, wenn die Erwärmung über 1,5 °C steigt [8].

A.15 Energiemix der EU im Jahr 2050

Die EU spielt für 2050 mehrere Szenarien mit unterschiedlichen Klimazielen durch. Abb. A.2 zeigt die Szenarien für eine Klimaerwärmung um < 2 °C und 1,5 °C. Die beiden Szenarien unterscheiden sich insbesondere durch den auch 2050 noch vorgesehenen Anteil fossiler Energien. Für deren Emissionen sind Kohlenstoffsenken vorgesehen.

A.16 Die Ergänzung von Futtermitteln mit Aminosäuren

Tiere (und Menschen) müssen einige Aminosäuren mit der Nahrung aufnehmen. Das sind die sogenannten essenziellen Aminosäuren. Futterpflanzen wie Mais oder Sojabohnen bieten mit ihrer Proteinfraktion auch diese Aminosäuren an. Das Aminosäureprofil entspricht allerdings nicht dem spezifischen Bedarf der Nutztiere. Folglich müssen die Tiere Futterprotein aufnehmen, bis der Bedarf aller essenziellen Aminosäuren befriedigt ist.

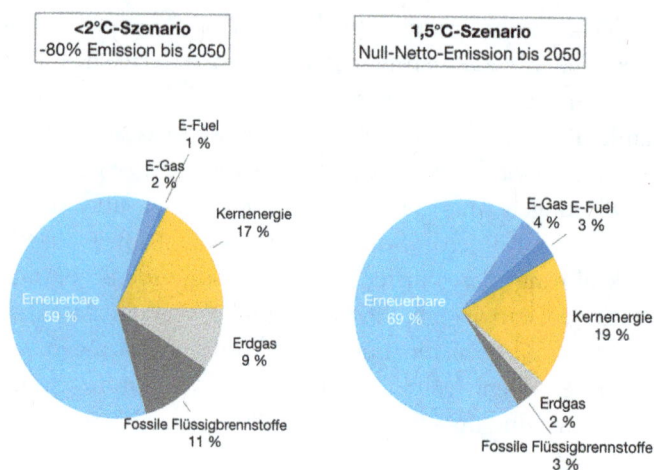

Abb. A.2 Energiemix 2050 zur Erreichung des <2 °C- bzw. des 1,5 °C-Ziels

Essenzielle Aminosäuren bestimmen daher die Effizienz der Futterverwertung. Mais zum Beispiel besteht nur zu 20 % aus Eiweiß, das zudem nur zu einem kleinen Anteil die essenzielle Aminosäure L-Lysin enthält. Deshalb wird Futter auf Maisbasis durch Sojaprotein ergänzt, weil Soja mit 80 % Eiweiß besonders proteinreich ist. Der Sojaanbau ist jedoch extrem flächenintensiv. Für die Produktion von 50 t Soja sind 24 ha erforderlich, während für 50 t Mais 5,8 ha ausreichen. Eine Erhöhung des Nährwerts von Mais hätte daher enorme Auswirkungen auf die Flächeneffizienz von Futtermitteln. Tatsächlich erhöht die Zugabe von nur wenig L-Lysin zu Mais den Nährwert bis hin zu dem des Sojaproteins. Wenn 48,5 t Mais mit 1,5 t L-Lysin ergänzt werden, entspricht der Nährwert 50 t Sojamehl. L-Lysin wird durch aerobe Fermentation bei einer Ausbeute von etwa 55 % (g L-Lysine/g Zucker) hergestellt. Für die Herstellung von 1,5 t L-Lysin werden etwa 3 t

Zucker benötigt. Für die Produktion von 3 t Zucker werden 0,24 ha Ackerland (Zuckerrüben) benötigt. Die Aufwertung von 48,5 t Mais durch Lysin reduziert also den Sojabedarf einer Anbaufläche von 18,3 ha [9].

Ein weiterer Effekt der Ergänzung mit Aminosäuren ist, dass der Proteingehalt des Futters abgesenkt werden kann. So kann beispielsweise in der Milchproduktion der Proteingehalt von 16,5 auf 15,5 % reduziert werden. Dies führt pro Tier zur Einsparung von 600 g Sojaextraktionsschrot oder 750 g Rapsextraktionsschrot. Durch den so besser an den Bedarf des Tieres angepassten Rohproteingehalt scheiden die Tiere jährlich mit der Gülle 14,6 kg Stickstoff weniger aus [10].

A.17 Bioethanol aus holzartigen Rohstoffen

Bioethanol kann aus holzartigen Materialien (Lignocellulose) erzeugt werden, wenn es gelingt, die in der Lignocellulose gebundenen Zucker freizusetzen. Die Mikroorganismen der Ethanolfermentation können nämlich nur einzelne Zuckermoleküle aufnehmen. Zuckermoleküle, die Ketten (Polymere) bilden, sind „unverdaulich". Bei Lignocellulose besteht die Schwierigkeit darin, dass die Zuckerpolymere der Zellulose und der Hemicellulose in einer Verbindung mit Lignin vorliegen, aus der sie zunächst durch chemische Behandlung freigesetzt werden müssen. Die Rohstoffe werden mechanisch zerkleinert und anschließend mit verschiedenen Methoden ziemlich drastisch behandelt. Anschließend lassen sich die Zucker (Glucose) der Zellulose relativ einfach gewinnen und zu Ethanol fermentieren. Die Hemicellulose muss dagegen durch enzymatischen Verdau zu einzelnen Zuckermolekülen (Xylose, Arabinose) abgebaut werden. Auch diese Zucker zu verstoffwechseln muss den

A.18 Metropolregionen in Deutschland

In Deutschland sind 11 Metropolregionen definiert: Stuttgart, Rhein-Ruhr, Rhein-Neckar, Rhein-Main, Nürnberg, Nordwest, München, Mitteldeutschland, Hannover-Braunschweig-Göttingen-Wolfsburg, Hamburg, Berlin/Brandenburg. In diesen Regionen leben 65 % der gesamten Bevölkerung.

A.19 Anteil Bioenergien

Siehe (Abb. A.3)

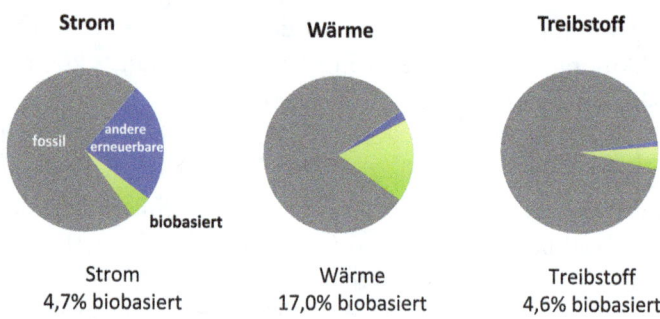

Abb. A.3 Biobasierter Anteil an der Produktion von Strom, Wärme und Treibstoff (EU, 2017) [12]

A.20 Methanisierung von Kohlenstoffdioxid

Durch die chemokatalytische oder die biotechnologische Methanisierung von Kohlenstoffdioxid mit Wasserstoff entsteht Methan. Die katalytische Methanisierung wird bereits kommerziell eingesetzt. Die biotechnologische Methanisierung ist gerade im Übergang zum Produktionsmaßstab. Für beide Technologien wird erwartet, dass es gelingt, bis 2050 den Wirkungsgrad auf rund 90 % zu steigern und die Investitionskosten zu senken. Deshalb ist es wichtig, den Aufbau von Kapazitäten zu unterstützen, um die Optimierung zu beschleunigen [13].

A.21 Verwertung von Hüttengasen

Ein integriertes Stahlwerk (Hüttenwerk) besteht aus Kokerei, Hochofen, Konverterstahlwerk sowie Neben- und Weiterverarbeitungsanlagen. Hüttengase entstehen im Hochofen, im Konverterstahlwerk und in der Kokerei. Hüttengas besteht aus 44 % Stickstoff, 23 % Kohlenstoffmonoxid, 21 % Kohlenstoffdioxid, 10 % Wasserstoff und 2 % Methan. Neben der beschriebenen biotechnologischen Herstellung von Ethanol ist Ammoniak ein Verwertungsprodukt, denn aus Stickstoff und Wasserstoff lässt sich Ammoniak, die Grundlage für Mineraldünger, herstellen. Kohlenstoffmonoxid und Kohlenstoffdioxid sowie Wasserstoff sind die Grundlage für die wichtige Grundchemikalie Methanol. Seit 2016 arbeitet thyssenkrupp an der Produktion beider Produkte aus Hüttengasen unter Verwendung erneuerbarer Energien. Das Unternehmen plant für die Entwicklung 15 Jahre.

A.22 Herstellung von Wasserstoff

Technisch etabliert ist die Herstellung von Wasserstoff durch Wasserelektrolyse unter Verbrauch von Strom. Darauf basieren die Studien zum Stromverbrauch, wenn Wasserstoff vermehrt in der chemischen Industrie eingesetzt würde. Alternativ werden mikrobielle Systeme untersucht, die Wasserstoff durch direkte photolytische Spaltung von Wasser mithilfe phototropher Mikroorganismen erzeugen. Diese biotechnologischen Systeme würden das Sonnenlicht als Energiequelle nutzen [14].

A.23 Bioökonomie im Ballungsraum e. V

In der Metropolregion Frankfurt/Rhein-Main wurde 2019 der Verein BioBall e. V. (Bioökonomie im Ballungsraum) von Unternehmen, Forschungseinrichtungen und der kommunalen Verwaltung gegründet. Der Verein wird vom Bundesministerium für Forschung und Bildung (BMBF) mit 20 Mio. EUR (2019−2014) gefördert, um Forschungsprojekte zur Verwertung der Abfallströme zu Chemieprodukten zu initiieren und von Konsortien aus Unternehmen und Forschungseinrichtungen durchführen zu lassen. Das zugrunde liegende Konzept wurde vom BMBF 2019 im Rahmen der Ausschreibung „Innovationsräume Bioökonomie" ausgewählt [15].

A.24 Produktionsbedingte Emissionen werden unterschiedlich erfasst

Die Emissionsquellen der dem EHS unterliegenden Branchen sind unterschiedlich. Bei der Energieerzeugung fällt die Emission von Kohlenstoffdioxid unmittelbar bei der Verbrennung der Energieträger an. Bei der Stahlerzeugung tragen sowohl die Energieerzeugung als auch die während der Verarbeitung entstehenden Prozessgase zur Emission bei. Bei der Zementherstellung (mineralverarbeitende Industrie) fällt ebenfalls die Emission der Energieerzeugung an, und zusätzlich gast Kohlenstoffdioxid aus dem Zement aus. Auch in der Chemieindustrie fällt energiebedingte Emission an. Der in den Chemieprodukten enthaltene Kohlenstoff führt allerdings erst bei der Abfallverbrennung zur Emission von Kohlenstoffdioxid. Während die Emissionen aller vorgenannten Industrien vollständig dem EHS unterliegen, gilt das für die produktbedingte Emission der Chemieindustrie nicht. Ebenfalls nicht erfasst werden die produktbedingten Emissionen des Abfallsektors, weil dieser nicht dem EHS unterliegt.

A.25 Klimaschutzziele von Chemieunternehmen

Am 10.12.2019 kündigte Bayer an, bis 2030 klimaneutral produzieren zu wollen. Konkret angekündigt wird die Verwendung erneuerbarer Energien: „The company is aiming to become carbon-neutral in its own operations by 2030. To accomplish this, Bayer will implement energy efficiency measures, switch to 100 percent renewable electricity and offset the remaining emissions through biodiversity-enhancing carbon capture" [16].

Auch Henkel setzt auf erneuerbare Energien:

> „In light of the Paris agreement on climate change and the clear need to reduce CO_2 emissions, Henkel is pursuing the vision to become climate-positive in its operations and driving significant progress in other relevant areas of its value chain.
>
> We are aiming to reduce the carbon footprint of our operations by 75 % by 2030. To do so, we also want to continually improve our energy efficiency and to draw 100 % of the electricity we use from renewable sources.

We want to become climate-neutral by replacing the remaining fossil fuels used in our operations with CO_2-free alternatives.

Our operations will become climate-positive when surplus carbon-free energy that Henkel does not need for its own purposes is supplied to third parties.

In addition, we want to influence the key levers in our value chain and leverage our brands and technologies to help our customers and consumers save 50 Mio. t of CO_2 when using our products between now and 2020. We also expect from our suppliers to make a continuous reduction of the CO_2 footprint of our raw materials and we thus work on a common plan" [17].

A.26 Emissionsquellen von Ethylen

Für Produkte aus Ethylen werden bei der Verbrennung 3,1 t Kohlenstoffdioxid pro Tonne Ethylen emittiert. Die energiebedingte Emission der Herstellung beträgt 1,3 t Kohlenstoffdioxid pro Tonne Ethylen [18, 19].

A.27 Unabhängige Umweltzeichen

Name des Umweltzeichens	Kriterien	Homepage
Blauer Engel	Umweltverträgliche Produkte und Dienstleistungen	https://url.org/www.blauer-engel.de
BDIH Prüfzeichen	Umweltverträgliche Arzneimittel, Reformwaren, Nahrungsergänzungsmittel und kosmetische Mittel	https://url.org/www.kontrollierte-naturkosmetik.de
BIO nach EG-Öko-Verordnung	Produkte aus dem ökologischen Landbau	https://url.org/www.bio-siegel.de

Anhang 175

Name des Umweltzeichens	Kriterien	Homepage
Cradle to Cradle Certified™	Produkte, die den Anforderungen der Kreislaufwirtschaft genügen	https://url.org/www.c2ccertified.org
EU-Bio-Siegel	Ökologische/biologische Erzeugnisse gemäß EG-VO 834/2007	https://url.org/www.bio-siegel.de
NCCO (Natural Cosmetics Certification Organisation)	Kosmetika	https://url.org/www.ncco-ev.de
NCP (Nature Care Product)	Spielwaren, Wasch- und Pflegemittel, Hygieneprodukte und Gartenbedarf	https://url.org/www.nature-care.cc
Nordisches Umweltzeichen	Produkte und Investment Funds	https://url.org/www.nordic-ecolabel.org
Österreichisches Umweltzeichen	Produkte, Tourismusbetriebe, Bildungseinrichtungen	https://url.org/www.umweltzeichen.at
Ecogarantie	Kosmetik- sowie Wasch- und Reinigungsprodukte und Meersalz	https://url.org/www.ecogarantie.eu

A.28 X-Degree Compatibility

Die Software des Frankfurter Start-ups right. based on science befähigt dazu, den Beitrag eines Unternehmens oder eines Portfolios zum Klimawandel abzuschätzen. Über die Treibhausgasemissionen und die Bruttowertschöpfung eines Unternehmens lässt sich dazu eine Gradzahl berechnen, die aussagt, um wie viel Grad sich das Klima erwärmen würde, wenn alle Unternehmen so wie das untersuchte arbeiteten. Diese Zahl wird als X-Degree Compatibility, kurz XDC, bezeichnet [20]; sie ist branchenspezifisch.

Jeder Branche wird entsprechend ihrer Emissionsintensität ein eigenes Klimaziel verordnet. Um insgesamt die Klimaerwärmung unter 2 °C zu halten, wird deshalb manchen ein höheres Volumen (ausgedrückt in °C) zugestanden, während andere auf einen niedrigeren Wert verpflichtet werden. So liegt beispielsweise der Zielwert der Pharmaindustrie unter dem der Chemieindustrie. Tab. A.1 zeigt neben diesem Zielwert für den Sektor den von right.basedonscience für die einzelnen Unternehmen auf Basis von deren veröffentlichten Unternehmenszielen berechneten Wert. Er ist so zu verstehen, dass wenn alle Unternehmen des Sektors so arbeiten würden wie das ana-

Tab. A.1 Erreichung des < 2 °C-Klimaziels unter Berücksichtigung der von Unternehmen veröffentlichten Ziele zur Emissionsminderung

Branche	Branchenziel [°C], um insgesamt unter 2 °C zu bleiben	Unternehmensbeiträge [°C] auf Basis der veröffentlichten Ziele	Unternehmensbeiträge für < 2°-Ziel ausreichend
Pharma	1,4	1,6–1,8	nein
Telekommunikation	1,5	1,4–1,5	ja
Software Finanzanlagen	2,0	1,5–1,9	ja
Transport	2,4	1,6–2,8	ja/nein
Maschinenbau	2,8	4,3	nein
Automotive	2,9	2,6–3,3	ja/nein
Transport	3,0	2,8	ja
Chemie	3,7	2,6–5,1	ja/nein
Gase	3,7	6,6	nein
Energien	5,2	8,1–9,5	nein
Zement	7,0	10,3	nein

lysierte Unternehmen, sich dieser Wert ergäbe. Liegt der Unternehmenswert höher als der Zielwert des Sektors, würde das <2°-Ziel insgesamt verfehlt. Die Analyse „Was wäre, wenn … die 30 größten und liquidesten Unternehmen des deutschen Aktienmarktes ihre Klimaziele erreichen würden?" hat right.basedonscience veröffentlicht [21].

In Tab. A.2 wird angegeben, aus welchen Emissionsquellen die SCOPE-1-, -2- und -3-Emissionen vermutlich stammen und welche Produkte der Bioökonomie zum Erreichen des Klimaziels beitragen könnten.

A.29 Historische Emissionsschulden

Schwellenländer verweisen auf die von den Industrieländern seit dem Beginn der Industrialisierung verursachte Emission und wollen noch so lange wie möglich für sich die Kostenvorteile der fossilbasierten Wirtschaft nutzen. Dass dies angesichts der Klimaschäden ein zweifelhafter Nutzen ist, wird dabei übersehen. Eine Analyse des Beitrags einzelner Staaten zur Klimaerwärmung seit dem Jahr 1800 zeigt, dass die USA mit 0,151 °C bei Weitem den größten Anteil haben, gefolgt von China (0,063 °C) und Russland (0,059 °C). Deutschland belegt mit 0,033 °C demnach Rang 6 unter den klimaschädigenden Staaten. Die Auswertung der verschiedenen Treibhausgase ergibt ein differenziertes Bild. Bezüglich der Emission von Kohlenstoffdioxid aus fossilen Quellen haben wieder die USA, gefolgt von Russland, am meisten beigetragen. Die Emission von Kohlenstoffdioxid aus Landnutzung (Landwirtschaft, Entwaldung) war dagegen in China und Brasilien am höchsten [22].

Tab. A.2 Vermutete fossile Emissionsquellen verschiedener Branchen und der mögliche Beitrag der Bioökonomie zum Klimaschutz

Branche	Fossile Emissionsquellen			Möglicher Beitrag zum Klimaschutz durch die Bioökonomie
	SCOPE 1	SCOPE 2	SCOPE 3	
Chemie Kunststoff Gase	Produktion	Energiemix	Zugekaufte Kohlenstoffquellen, verkaufte Produkte	Zugekaufte biogene Kohlenstoffquellen, verkaufte biobasierte Produkte
Energien	Produktion	Energiemix	Zugekaufte Energiequellen	Zugekaufte biogene Energiequellen
Transport	Transport	Energiemix	Zugekaufte Treibstoffe	Zugekaufte Biotreibstoffe

(Fortsetzung)

Tab. A.2 (Fortsetzung)

Branche	Fossile Emissionsquellen			Möglicher Beitrag zum Klimaschutz durch die Bioökonomie
	SCOPE 1	SCOPE 2	SCOPE 3	
Zement	Produktion	Energiemix	Zugekaufte Energiequellen, verkaufte Produkt	Verkaufte Biobaumaterialien
Automotive	Produktion	Energiemix	Nutzung verkaufter Produkte	Verwendung von Biotreibstoff in der Nutzung der Produkte
Finanzanlagen	Gebäude	Energiemix		Zugekaufte Bioenergie
Telekommunikation	Gebäude	Energiemix	Nutzung verkaufter Produkte	Zugekaufte Bioenergie
Software	Gebäude	Energiemix	Nutzung verkaufter Produkte	zugekaufte Bioenergie

A.30 Fachgesellschaften, Verbände und NGOs

Beispiele für deutsche Fachgesellschaften und Verbände, die sich mit Fragen der Bioökonomie und der Kreislaufwirtschaft beschäftigen:

- acatech (Deutsche Akademie der Technikwissenschaften e. V.)
- BIO Deutschland
- Bundesverband Bioenergie e. V.
- BRM (Bundesverband regenerative Mobilität e. V.)
- DECHEMA (Gesellschaft für Chemische Technik und Biotechnologie e. V.)
- DUH (Deutsche Umwelthilfe e. V.)
- DIB (Deutsche Industrievereinigung Biotechnologie im Verband der Chemischen Industrie e. V.)
- GdCh (Gesellschaft Deutscher Chemiker e. V.)
- NABU (Naturschutzbund Deutschland)
- VAAM (Vereinigung für Allgemeine und Angewandte Mikrobiologie e. V.)
- VBU (Vereinigung Deutscher Biotechnologie-Unternehmen)
- VCI (Verband der Chemischen Industrie e. V.)

A.31 Einrichtungen und Projekte zur Etablierung der Bioökonomie

In Deutschland gibt es viele Einrichtungen, die sich mit Themen der Bioökonomie und Kreislaufwirtschaft beschäftigen. Vier werden beispielhaft vorgestellt.

- Mit Forschung und Entwicklung von Technologien, insbesondere der Biotechnologie, beschäftigt sich **CLIB-Cluster e. V.** (Cluster industrielle Biotechnologie) in Düsseldorf. Der Verein hat rund 100 Mitglieder aus der chemischen Industrie, kleinen und mittleren Unternehmen, Universitäten und Forschungsinstituten sowie Investoren in Deutschland und weltweit. Schwerpunkt ist die Initiierung von Forschungsvorhaben zu biobasierten Chemieprodukten mittels biotechnologischer Verfahren [23].

- Die Entwicklung der Metropolregion Frankfurt/RheinMain in Richtung Bioökonomie ist das Thema von **BioBall e. V.** (Bioökonomie im Ballungsraum). Entwickelt werden Verfahren zur stofflichen Verwertung von biogenen Restströmen der Metropolregion, unter anderem von Grünschnitt, biogenen Siedlungsabfällen, Klärschlamm und Kohlenstoffdioxid [24].
- Den Dialog mit der Gesellschaft führt das Ausstellungsprojekt **BioKompass.** Ausgehend von Zukunftsvorstellungen zur Bioökonomie, die unter Einbindung von Experten und unterschiedlichen Akteuren entwickelt wurden, wurde eine Ausstellung konzipiert, die im Senckenberg Museum in Frankfurt am Main gezeigt wird [25].
- Mit dem systematischen Monitoring und der Modellierung der Bioökonomie in Deutschland beschäftigt sich das Forschungsprojekt **SYMBIO.** Das Projekt berücksichtigt dabei Nachhaltigkeitsaspekte auf nationaler und internationaler Ebene [26].

Literatur

1. Andruleit H et al (2019) BGR Energiestudie 2018. BGR. https://www.bgr.bund.de/DE/Themen/Energie/Downloads/energiestudie_2018.pdf?__blob=publicationFile&v=10
2. EEA (2010) Cost of oil production. https://www.eea.europa.eu/data-and-maps/figures/cost-of-oil-production. Zugegriffen: 8. Jan. 2020
3. UBA (2019) Treibhausgas-Emissionen in Deutschland. https://www.umweltbundesamt.de/daten/klima/treibhausgas-emissionen-in-deutschland. Zugegriffen: 2. Jan. 2020
4. UN (2015) Paris Agreement. https://unfccc.int/sites/default/files/english_paris_agreement.pdf. Zugegriffen: 2. Jan. 2020
5. Heede R, Oreskes N (2015) Potential emissions of CO2 and methane from proved reserves of fossil fuels: an alternative analysis. https://doi.org/10.1016/j.gloenvcha.2015.10.005. Zugegriffen 3. Jan. 2020
6. McGlade C, Ekins P (2015) The geographical distribution of fossil fuels unused when limiting global warming to 2 °C. Nature 517:187–190. https://doi.org/10.1038/nature14016. Zugegriffen: 16. Jan. 2020

© Springer-Verlag GmbH Deutschland,
ein Teil von Springer Nature 2020
M. Kircher, *Weg vom Öl*,
https://doi.org/10.1007/978-3-662-61490-7

7. Budimir NJ et al (2011) Rectified ethanol production cost analysis. Therm Sci 15(2):281–292. https://doi.org/10.2298/TSCI100914022B
8. Nolan C et al (2018) Past and future global transformation of terrestrial ecosystems under climate change. Science 361(6405):920–923. https://doi.org/10.1126/science.aan5360
9. Kircher M (2020) Challenges and opportunities. In: Rodrigues A (Hrsg) Microbial biomolecules: properties, relevance and their translational applications. Elsevier
10. Schaumann (2020) Futterkosten und Düngeflächen sparen. https://www.schaumann.de/innovative-produkte-rinder-172/c/rindavital-balance-pansengeschuetzte-aminosauren-fur-kuhvertragliche-hochleistung-827. Zugegriffen 2. Jan. 2020
11. Clariant (2019) sunliquid®. https://www.clariant.com/de/Business-Units/New-Businesses/Biotech-and-Biobased-Chemicals/Sunliquid. Zugegriffen 2. Jan. 2020
12. Bioenergy Europe (2019) Statistical report. https://bioenergyeurope.org/statistical-report.html. Zugegriffen: 15. Febr. 2020
13. DENA (2018) Power to X: Technologien. https://www.dena.de/fileadmin/dena/Dokumente/Pdf/607/9264_Power_to_X_Technologien.pdf. Zugegriffen: 8. Jan. 2020
14. Leopoldina (2012) Bioenergie: Möglichkeiten und Grenzen. https://www.leopoldina.org/uploads/tx_leopublication/201207_Empfehlungen_Bioenergie_02.pdf. Zugegriffen: 8. Jan. 2020
15. Provadis Hochschule (undatiert) Bioökonomie im Ballungsraum. https://www.provadis-hochschule.de/angewandte-forschung/innovationsraum-bioball/. Zugegriffen: 13. Febr. 2020
16. Bayer (2019) Bayer to significantly step-up its sustainability efforts. https://media.bayer.com/baynews/baynews.nsf/ID/Bayer-to-significantly-step-up-its-sustainability-efforts. Zugegriffen: 3. Jan. 2020

17. Henkel (2020) Climate protection strategy and targets. https://www.henkel.com/sustainability/positions/climate-positive. Zugegriffen: 3. Jan. 2020
18. LfU Brandenburg (2020) CO2 – Emissionsfaktoren nach Energieträgern. https://lfu.brandenburg.de/cms/detail.php/bb1.c.523833.de. Zugegriffen: 13. Jan. 2020
19. UBA (undatiert) Prozessdetails: Chem-OrgEthylen-DE-2030. https://www.probas.umweltbundesamt.de/php/prozessdetails.php?id=%7BCE53D8D8-AF1C-4E7A-A3B4-878566F57715%7D. Zugegriffen: 13. Jan. 2020
20. right.basedonscience (undatiert) X degree compatibility. https://www.xdegreecompatible.de/de. Zugegriffen: 3. Jan. 2020
21. right.basedonscience (2017–2019) Was wäre, wenn … die 30 größten und liquidesten Unternehmen des deutschen Aktienmarktes ihre Klimaziele erreichen würden? https://www.right-basedonscience.de. Zugegriffen: 13. Febr. 2020
22. Matthews HD et al (2014) National contributions to observed global warming. Environ Res Lett 9:014010. https://iopscience.iop.org/article/10.1088/1748-9326/9/1/014010/pdf. Zugegriffen: 3. Jan. 2020
23. CLIB2021 (undatiert) CLIB: Wer wir sind. https://www.clib2021.de/clib2021. Zugegriffen: 3. Jan. 2020
24. BioBall (2020) Bioökonomie im Ballungsraum. https://www.urban-bioeconomy.de/bioball/. Zugegriffen: 19. März. 2020
25. Senckenberg (undatiert) Biokompass. https://museumfrankfurt.senckenberg.de/de/bildungsangebote/projekte/biokompass/. Zugegriffen: 3. Jan. 2020
26. SYMBIO (2020) Systematisches Monitoring und Modellierung der Bioökonomie. https://symobio.de. Zugegriffen: 3. Jan. 2020

 springer.co

Willkommen zu den Springer Alerts

Unser Neuerscheinungs-Service für Sie:
aktuell | kostenlos | passgenau | flexibel

Mit dem Springer Alert-Service informieren wir Sie individuell und kostenlos über aktuelle Entwicklungen in Ihren Fachgebieten.

Jetzt anmelden

Abonnieren Sie unseren Service und erhalten Sie per E-Mail frühzeitig Meldungen zu neuen Zeitschrifteninhalten, bevorstehenden Buchveröffentlichungen und speziellen Angeboten.

Sie können Ihr Springer Alerts-Profil individuell an Ihre Bedürfnisse anpassen. Wählen Sie aus über 500 Fachgebieten Ihre Interessensgebiete aus.

Bleiben Sie informiert mit den Springer Alerts.

Mehr Infos unter: springer.com/alert

Part of **SPRINGER NATURE**

GPSR Compliance
The European Union's (EU) General Product Safety Regulation (GPSR) is a set of rules that requires consumer products to be safe and our obligations to ensure this.

If you have any concerns about our products, you can contact us on

ProductSafety@springernature.com

In case Publisher is established outside the EU, the EU authorized representative is:

Springer Nature Customer Service Center GmbH
Europaplatz 3
69115 Heidelberg, Germany

www.ingramcontent.com/pod-product-compliance
Lightning Source LLC
LaVergne TN
LVHW011004250326
834688LV00004B/60